Die Arbitrage

im Bank- und Börsenverkehre

Von

Robert Stern

Oberlehrer an der Öffentlichen Handelslehranstalt und Dozent an der Handelshochschule zu Leipzig

Leipzig

G. J. Göschen'sche Verlagshandlung

1901

Vorwort.

Die vorliegende Arbeit behandelt die Bank- und Börsenarbitrage in ihren Hauptformen sowohl vom theoretischen, als auch vom praktischen Standpunkte aus und nimmt dabei auf die bedeutenden Änderungen, welche der Börsenfernsprechverkehr mit sich gebracht hat, gebührend Rücksicht.

Überall dort, wo der Arbitrageur der Gegenwart sich anstatt der früher angewendeten Kettenansätze der festen Zahlen mit Zu- oder Abschlagsziffern bedient, ist diese neue Methode angewendet und erläutert.

So behandelt die Devisenarbitrage das Aufsuchen des Pari auf Grund der Normalsätze und führt die Untersuchungen zwecks Benützung der Privatdiskont- und Transitostempeldifferenzen vor.

In dem Abschnitte über Goldarbitragen sind die Import- und Exportgoldpunkte der wichtigeren Edelmetallmärkte entwickelt, hierauf die Banktarife erläutert und mit den Ergebnissen bei Ausprägung in Vergleich gezogen.

Auch die Wertpapierarbitrage, welche im Laufe der letzten zwanzig Jahre wohl die grösste Abänderung erfahren hat, ist in ihrer jetzigen Gestalt behandelt.

Sämtliche in der Arbeit vorgeführten Beispiele sind seitens der Inhaber oder Börsenvertreter bedeutender Arbitragefirmen zu Berlin, Frankfurt a. M., Hamburg und Wien — denen ich manchen praktischen Wink verdanke — in bereitwilligster Weise auf ihre Zweckmässigkeit geprüft und nachgerechnet worden.

So kann ich denn auch mit vollster Zuversicht die Arbeit als eine genaue Darstellung des modernen praktischen Arbitrageverkehrs der Öffentlichkeit übergeben, hoffend, dass dieselbe sowohl dem Studierenden als auch dem Praktiker gute Dienste leisten wird.

Leipzig, im November 1900.

Der Verfasser.

1*

Inhaltsangabe.

Einleitung.

§ 1. Unter „Arbitrage" versteht man die fachtechnische Durchführung von Rechnungsoperationen, welche die Ermittelung der geeignetsten Bezugs- und Absatzplätze für verschiedenartige Börsenobjekte, sowie die geeignete Anwendung der gefundenen Resultate zum Zwecke hat.

Zufolge des Umstandes, dass der Arbitrageur — das ist derjenige, der diese Berechnungen anstellt — an Plätzen einkauft, welche einzelne Börsenwerte niedrig notieren, und dort verkauft, wo das Gegenteil in Erscheinung tritt, entsteht rücksichtlich dieser Objekte eine Gleichstellung (Nivellierung) der Preise, welche, vom volkswirtschaftlichen Standpunkte aus betrachtet, lebhaft begrüsst werden muss.

Nach den Ursachen, welche für die Durchführung von Arbitragen massgebend sind, unterscheidet man zwei Hauptformen:

I. die Ausgleichungs- (Kontobegleichungs- oder Deckungs-) Arbitrage und

II. die Differenz- (Börsen-) Arbitrage.

I. Die Ausgleichungs-Arbitrage.

§ 2. Besitzt der Arbitrageur im Auslande eine regelmässig unterhaltene Verbindung und weist sein dortiges Konto eine Schuld oder ein Guthaben aus, so ermittelt er rechnerisch, durch welche Börsenwerte er diese Schuld am geeignetsten begleichen könnte (was er zu remittieren hätte; — er kalkuliert „den Weg der Rimesse"), oder durch welche Börsenwerte er seine Forderung am vorteilhaftesten einziehen könnte (er sucht „die Retoure"; er ermittelt, insofern es sich um den Ausgleich durch Wechsel handelt, „den Weg der Tratte“).

Es ist gewiss auf den ersten Blick zu ersehen, dass der Arbitrageur bei Zahlung einer Schuld den billigsten Weg als den geeignetsten wählt, bei Einziehung einer Forderung aber demjenigen den Vorzug geben wird, der ihm für diese den höchsten Betrag einbringt; ebenso wird es unbestritten bleiben, dass der Arbitrageur — der ja der Kommittent ist — die freie Wahl bezüglich des Objektes, welches er zu Zahlungen oder zu Einziehungen benutzen will, hat.

Er kann sohin zwischen Devisen (fremden Wechseln), Wertpapieren, Sorten oder sonstigen Objekten des Börsenhandels die Wahl treffen.

Wir wollen im Nachfolgenden unsere Betrachtungen vorerst lediglich auf den Umsatz in Devisen beschränken.

1. Die Devisen-Arbitrage.

Eine **Schuld** kann auf dreierlei Weise beglichen werden:

1. Durch direkte Rimesse

[der arbitrierende Kommittent kauft an der Börse seines Wohnsitzes eine am Wohnsitze des Gläubigers (Kommissionärs) zahlbare Devise, welche auf die dortige Landeswährung lautet].

2. Durch direkte Tratte

[der Gläubiger (Kommissionär), welcher im Auslande seinen Wohnsitz hat, zieht auf den Arbitrageur (Kommittenten) eine Tratte und begiebt diese auf seinem Platze als Devise].

3. Durch Devisen in einer für beide Teile fremden Währung

[der Arbitrageur (Kommittent) kauft an der Börse seines Wohnsitzes Auslandswechsel und sendet diese zur Begebung, bezw. zur Entlastung von der Kontoschuld an den Kommissionär].

Ein **Guthaben** kann ebenfalls auf dreierlei Weise eingezogen werden:

1. Durch direkte Rimesse

[der arbitrierende Kommittent lässt durch den Schuldner (Kommissionär) sich Rimessen machen (Wechsel einsenden), welche auf die Währung des Arbitrageplatzes lauten].

2. Durch direkte Tratte

[der Arbitrageur zieht auf den Schuldner eine Tratte, welche auf die Landeswährung des Wohnplatzes desselben lautet, und begiebt diese als Devise auf dem eigenen Platze].

3. Durch Devisen in einer für beide Teile fremden Währung

[der Kommissionär kauft diese auftragsgemäss an seiner Börse ein und sendet sie dem Kommittenten (Arbitrageur) zu, der für den Ankaufsbetrag den Kommissionär entlastet].

Die vorgenannten sechs Fälle stellen die direkte Arbitrage, das ist die Arbitrage zwischen zwei Plätzen ohne Interventien eines Zwischenplatzes, dar.

A) Direkte Ausgleichs-Arbitragen.

a) Begleichung einer Schuld im Auslande.

§ 3. Beispiel mit Erläuterung.

Otto Müller, Leipzig, schuldet an Ardoin fils & Cie., Paris, sofort fällige frs. 25 000.—. Er kann diese Schuld von Leipzig aus zum Kurse von:

M. 80.90 für 100 Franken, 8 Tage (vom Kauftage), 4%
oder
M. 80.20 für 100 Franken, 3 Monate (vom Kauftage), 4%

mittels Rimesse ausgleichen, oder auf sich in Markwechseln in jener Höhe trassieren lassen, dass, wenn die Pariser Firma diese Tratte an der Börse begiebt, sie sich dadurch die volle Höhe ihres Guthabens einbringt.

In Paris notieren deutsche Wechsel frs. 122.10 für 100 Mark, 3 Monate (vom Kauftage) 4½%.

Den Umrechnungen bezw. Kursvergleichungen wird der a vista-Kurs zu Grunde gelegt, da nur Kurse von gleichem inneren Werte einen Vergleich zulassen.

[So müsste der Kurs eines 3 Monat-Papiers mit dem Kurse eines ebenso lange laufenden Papiers, der Kurs eines a vista verfallenden Papiers mit einem solchen zum Gegenstande der Vergleichung (Paritätsbestimmung) gemacht werden. In der Arbitragepraxis wird fast ausschliesslich der a vista-Kurs benützt; s. a. S. 14, Probe b].

Kurs in Leipzig.

Für 100 Franken, 8 Tage vom Kauftage, zahlt man	M. 80.90
Für 100 Franken, sofort zahlbar, giebt man um die Zinsen von 8 Tagen zum Pariser Bankdiskonto (d. i. derzeit 4%) mehr*)	„ —.071
somit:	M. 80.971

[Bei Devisen-Arbitragen benützt man in der Regel 3 Dezimalstellen.]

---

*) Da an den meisten deutschen Börsen die Usanz besteht, dass bei Wechseln mit kürzerer Laufzeit als 8 Tage keine Zinsen berechnet werden, so könnte man

Für 100 Franken, 3 Monate vom Kauftage, zahlt man	M. 80.20
Für 100 Franken, sofort zahlbar, giebt man um die Zinsen von 3 Monaten zum Pariser Bankdiskont (d. i. derzeit 4%) mehr	„ —.802
	M. 81.002

[3 Monate zu 4% = 1 Jahr zu 1%, bezw. 1 Kapitalprozent.]

Kurs in Paris.

Für 100 Mark, 3 Monate vom Kauftage, zahlt der Pariser (oder erhält derselbe)	frs. 122.10
Für 100 Mark, sofort zahlbar, zahlt er (oder erhält er) um die Zinsen von 3 Monaten zum Berliner Bankdiskont (d. i. derzeit $4^1/_2$%) mehr	„ 1.373
	frs. 123.473

{ 3 Monate zu 4% = 1 Kapitalprozent = 1.221 }
{ 3 „ „ $^1/_2$% ist $^1/_8$ hiervon = —.152 }

Die Pariser Firma schreibt dem Leipziger Arbitrageur für je 100 Mark a vista-Tratte jetzt fällige frs. 123.473 gut; oder, was dasselbe ist, sie entlastet den Schuldner in der Höhe des genannten Frankenbetrages.

Es kann nun unschwer festgestellt werden, wieviel Mark (in der Form einer a vista-Tratte) sie für 100 frs. jetzt fällige Forderung entnehmen wird.

M. x	100 frs.
123.473	100 M.

10 000 : 123.473 = 80.99.

Sohin werden 100 Franken einer fälligen Schuld nach Paris bezahlt werden:

---

im Zweifel sein, ob der Zinsenzuschlag — den die Arbitrage stets vornimmt — am Platze ist. Die Begründung für die Berechtigung dieses Verfahrens ist unschwer erbracht. Da der deutsche Arbitrageur unter gewöhnlichen Umständen längere Rimessen als achttägige kauft und zur Gutschrift im Kontokorrent an den Gläubiger sendet, so kommen die 8 Tage zumeist in Form einer geringeren Anzahl von Diskonttagen zum Ausdruck. — Bei Arbitragen zwischen Wien und Deutschland pflegt der Wiener Arbitrageur, wenn er kurze Wechsel auf Deutschland mit seinen Vista-Kursen vergleicht, nicht für 8 Tage, sondern bloss für 7 Tage Zinsen zu addieren, da der Wiener Vista-Kurs sich einschliesslich der Posttage versteht. In gleicher Weise pflegt derselbe, wenn er den 2 oder 3 Mark-Kurs des Auslandes mit seinem Kurse in Vergleich zieht, anstatt 60 bloss 57/59 und anstatt 90 bloss 87/89 Tage zu berechnen.

mittels einer in 8 Tagen vom Kauftage ab fälligen Rimesse mit . . . . M. 80.971
mittels einer in 3 Monaten vom Kauftage ab fälligen Rimesse mit . . . . M. 81.002
durch Tratte des Pariser Kommissionärs auf den Leipziger Kommittenten (Arbitrageur) mit . . . . M. 80.99

Es würde sich daher am vorteilhaftesten gestalten, kurzlaufende französische Wechsel nach Paris zu senden. („Rimessen machen mit kurzem Paris.“)

[Dass bei derartigen Operationen verschiedenartige Spesen auflaufen, welche dieselben verteuern, ist wohl klar. Diese Spesensätze blieben jedoch in den ersten, bloss die Prinzipien der Arbitrage darstellenden Beispielen unberücksichtigt.]

b) Einziehung einer ausländischen Forderung.

§ 4. Beispiel mit Erläuterung.

Otto Müller, Leipzig, hat bei Glyn & Co., London, ein fälliges Guthaben von £ 1000.—.—. Er kann behufs Einziehung desselben auf London trassieren und den zu diesem Behufe dargestellten Wechsel in Leipzig begeben (massgebend hierfür wäre in diesem Falle der Kurs auf London in Leipzig); oder er kann sich aus London deutsche Wechsel kommen lassen (massgebend hierfür wäre dann der Kurs auf Deutschland in London).

Es handelt sich daher darum, von diesen beiden Wegen den geeigneteren zu ermitteln.

In Leipzig sind Wechsel auf London notiert:
für 1 £ (Pfund Sterling) 8 Tage (vom Kauftage) . . . . M. 20.51; 4%
für 1 £ 3 Monate (vom Kauftage) . „ 20.31; 4%

In London stehen deutsche Bankplätze:
für 1 £ Sicht . . . . M. 20.51½; 5½%

Erläuterung der Notierungsart.

In Leipzig (wie an allen anderen deutschen Plätzen) werden fremde Wechsel in der direkten Notierung gehandelt, d. h. der Preis giebt an, wieviel man für eine bestimmte Wechselsumme (zumeist für 100 der ausl. Währung) in Mark und Pfennigen giebt (bezw. erhält).

Es stellen daher höhere Ziffern einen grösseren Geldpreis dar.

In London ist das Umgekehrte der Fall. Die Notierung versteht sich für jene Devisenmenge, welche man für 1 £ erhält (bezw. zu geben hat) [indirekte Notierung].

Es stellen daher grössere Ziffern eine Verbilligung der Devise dar (weil man für den fixen Geldpreis mehr Ware erhält).

Ausführung.

Für ein 8 Tage nach dem Kauftage fällig werdendes Papier erhält man . . .	M. 20.51
Für ein gleich fällig werdendes Papier 8/4 %	„ —.018
=	M. 20.528
Für ein in 3 Monaten nach dem Kauftage fällig werdendes Papier erhält man .	M. 20.31
Für ein gleich fällig werdendes Papier 3 M./4 %	„ —.203
=	M. 20.513

Arbitrium (Entscheidung).

Durch kurze Wechsel a./London, die sich der Arbitrageur auf London trassiert und in Leipzig begiebt, erhält er für 1 £ Forderung	M. 20.528
Durch lange Wechsel a./London erhält er für 1 £ Forderung	M. 20.513
Markwechsel, die er sich senden lässt, erhält er für 1 £ Forderung im Nennbetrage von	M. 20.515

Er wird daher den erstgenannten Weg vorziehen.

[Anstatt sich kurze Wechsel aus London senden zu lassen, kann er auch solche in Leipzig auf London trassieren und begeben.]

Weitere Beispiele.

§ 5. 1. Berlin schuldet an St. Petersburg Rubel 10 000.—.

Diese Verbindlichkeit könnte durch direkte Rimesse à 215.80 (8 Tage; $5^1/_2$ %) oder à 213.50 (3 Mte.; $5^1/_2$ %) beglichen werden.

Aus einer St. Petersburger Kursdepesche ersieht der Berliner Arbitrageur, dass: Berlin in St. Petersburg 45.60, 3 Mte., $5^1/_2$ % notiert, d. h. dass Tratten auf Berlin dort zu diesem Kurse verkäuflich sind.

Wir wollen nun untersuchen, welcher Weg für den Berliner Arbitrageur behufs Begleichung der Schuld in St. Petersburg der geeignetste ist.

Direkte Rimessen auf St. Petersburg, welche Berlin an seiner Börse kauft und zur Deckung (Kontobegleichung) nach St. Petersburg sendet:

Kurze St. Petersburger Wechsel; für 8 Tage	M.	215.80
+ 8/5½%	„	—.263
Für 100 Rubel	M.	216.063

Lange St. Petersburger Wechsel; für 3 Monate	M.	213.50
+ 3 M./5½%	„	2.935
Für 100 Rubel	M.	216.435

Direkte (kurze) Tratte auf Berlin, welche St. Petersburg an seiner Börse verkauft:

für 3 Monate	Rubel	45.60
+ 3 M./5½%	„	—.627
Für 100 Mark	Rubel	46.227

10 000 : 46,227 = M. 216.32.

Arbitrium. Da der Berliner Arbitrageur als Kommittent die Wahl des geeignetsten Deckungsweges hat, wird er die schuldigen Rubel 10 000.— mit kurzen Petersburger Wechseln begleichen.

2. Amsterdam hat von Paris fällige frs. 10 000.— zu fordern.

Soll es à 47.70 c. j. (k. Sicht = 8 Tage) oder à 47.30, 2 Monate, trassieren (Zinsfuss v. Paris 4%), oder soll es sich von Paris Rimessen machen lassen, wofür Paris für 100 holl. Gulden in kurzer Sicht 206⅜ frs. und für 100 holl. Gulden in langer Sicht 206⅝ frs. berechnen würde?

Erläuterung der Notierungsart.

In Amsterdam notiert Paris in zwei Sichten: Für 100 Franken c. j. (kurze Sicht, d. i. 8 Tage) und für 100 Franken, 2 Monate.

Der im Beispiel angenommene Bankdiskont von Paris beträgt 4%.

In Paris notiert Holland (Amsterdam) wie folgt:

Kurze Wechsel frs. 206⅜
Lange „ „ 206⅝

Beide Kurse verstehen sich für 3 Monate vom Kauftage, d. h. man muss, um den Kurs eines gleich fälligen Wechsels zu ermitteln, zu jedem dieser beiden Kurse einen Zinsenbetrag für 3 Monate zu dem in Paris für mehrere Wechselgattungen (u. a. auch für Holland) usanzgemäss festgestellten Satz von 4% hinzurechnen.

Die Bezeichnung „kurz“ (papier court) oder „lang“ (papier long) stellt lediglich die Kategorie der Papiere dar und die divergierenden Kurse kennzeichnen Angebot und Nachfrage in denselben.

Ausführung:

a) Für 100 Franken per 8 Tage . . .		hfl. 47.70
	+ 8/4%	„ —.042
	Für 100 frs.	hfl. 47.742
b) Für 100 Franken per 2 Monate . .		hfl. 47.30
	+ 60/4%	„ —.315
(S. unten, Probe b.)	Für 100 frs.	hfl. 47.615
c) Für 100 hfl. kurzes Papier . . .		frs. 206.375
	+ 3 M./4%	„ 2.064
	Für 100 hfl.	frs. 208.439
d) Für 100 hfl. langes Papier . . .		frs. 206.625
	+ 3 M./4%	„ 2.066
	Für 100 hfl.	frs. 208.691

10 000 : 208.439 = hfl. 47.976
10 000 : 208.691 = hfl. 47.918

Arbitrium:

Amsterdam wird sich aus Paris in kurzem Papier Rimessen machen lassen.

Probe:

a) Amsterdam trassiert sein Guthaben von frs. 10 000.— a vista und begiebt das Papier zum kurzen Kurse von 47.70 an der Börse.

frs. 10 000 a vista à 47.70		hfl. 4770.—
	+ 8/4%	„ 4.24
	Ertrag =	hfl. 4774.24

b) Es ist nicht angängig, vista-Papier zu dem 2 oder 3 Monatkurse zu begeben. Der lange Kurs hat nämlich den vista-Kurs, vermehrt um die Spannung des Privatdiskontes als Basis.

Daher würde die Berechnung:

frs. 10 000.— a vista à 47.30 . . .		hfl. 4730.—
	+ 60/4%	„ 31.53
	Ertrag =	hfl. 4761.53

ein für die Praxis geeignetes Resultat nicht liefern.

c) Amsterdam lässt sich für das Guthaben von frs. 10 000.— (per sofort) aus Paris kurzlaufende Rimessen machen.

Der Pariser Schuldner (Kommissionär) berechnet dem Arbitrageur (dem Amsterdamer Gläubiger) für je 100 hfl. in kurzen Papieren:

	frs. 206.375	
+ 3 M./4%	„ 2.064	(weil sich obiger Kurs für 3 Monate vom Kauftage versteht)
	frs. 208.439	

Da die Forderung des Arbitrageurs frs. 10 000.— beträgt, so erhält er:

10 000 × 100 = 1 000 000 : 208.439 = hfl. 4797.56.

d) Amsterdam lässt sich für das Guthaben von frs. 10 000.— (per sofort) aus Paris langlaufende Rimessen machen.

Der Pariser Schuldner berechnet für 100 hfl. in langen Papieren:

	frs. 206.625	
+ 3 M./4%	„ 2.066	(s. unter c)
	frs. 208.691	

1 000 000 : 208.691 = hfl. 4791.77.

c) Das Aufsuchen des geeignetsten Weges zur Begleichung einer Schuld oder Einziehung eines Guthabens in der Arbitrage-Praxis.

§ 6. Die grossen Fortschritte auf dem Gebiete des Verkehrswesens haben naturgemäss auch auf die Abwickelung der Arbitragegeschäfte einen mächtigen Einfluss genommen.

Während man vor etwa dreissig Jahren noch vor Beginn der Börsenzeit, um zu entsprechenden Arbitrien zu gelangen, langwierige Berechnungen vornahm, werden solche Kalkulationen jetzt an der Börse selbst, und zwar oft unmittelbar vor dem Fernsprechapparate, durchgeführt, und es liegt daher auch nahe, dass jedwede umständliche Berechnung unterbleiben muss.

Im nachfolgenden soll dargestellt werden, wie der Arbitrageur der Neuzeit vorgeht, um momentan entscheiden zu können, ob sich zur Zahlung einer Schuld der Rimessen- (Deckungs-) Kurs oder der Trattenkurs geeigneter erweist.

☛ Benutzung von festen Verhältniszahlen (Fixzahlen) in der modernen Arbitrage. ☚

Zur Feststellung, ob zur Zahlung einer Schuld die Rimesse (Kurs der Auslandsvaluta am Arbitrageplatze) oder die Tratte (Kurs der Valuta des Arbitrageplatzes am Fremdplatze) vorteilhafter benutzt werden könne, bedient sich die moderne Arbitrage der festen Verhältniszahlen („Fixzahlen").

Die Anwendung derselben soll an Beispielen dargethan werden.

1. Arbitrage zwischen Berlin*) und Wien.

Wenn in Berlin 100 Kronen (auf die a vista-Basis gebracht) 85 Mark notieren und in Wien 100 Mark (ebenfalls auf die a vista-Basis gebracht) 117.65 Kronen notieren, so ist es gleichgültig, ob remittiert oder trassiert wird.

10 000 : 117.65 = 85.—.

Ist jedoch der Berliner Kurs von Wiener Wechseln höher oder niedriger als 85.—, oder ist der Wiener Kurs von deutschen Bankplatzwechseln höher oder niedriger als 117.65, dann tritt entweder nach der einen oder nach der anderen Richtung ein durch die Arbitrage nutzbar zu machender Vorteil ein, welcher aus den Erläuterungen über Benützung der nachfolgenden Paritätentabelle gewiss klar werden wird.

Paritätentabelle.

Parität zwischen Mark und Kronen.

Kurs in Deutschland für 100 K. (öst.-ung.)	M. 85.—	M. 84.95	M. 84.90	M. 84.85	M. 84.80	M. 84.75	M. 84.70
Parität in K. (öst.-ung.) für 100 Mark	K. **117.65**	K. 117.72	K. 117.79	K. 117.86	K. 117.93	K. 118.—	K. 118.07

Feste Verhältniszahlen: M. 85 = 100 K.
K. 117.65 = 100 M.

Bei Erhöhung von 5 Pfennigen im Wechselkurse sinkt die Parität um 7 Heller.

Bei Verbilligung des Wechselkurses um 5 Pfennige steigt die Parität um 7 Heller.

---

*) Frankfurt, Hamburg oder einem sonstigen deutschen Börsenplatze.

Parität zwischen Kronen und Mark.

Kurs in Österr.-Ung. für 100 Mark	K. 117.60	K. 117.65	K. 117.70	K. 117.75	K. 117.80	K. 117.85	K. 117.90
Parität in Deutschland für 100 K.	M. 85.03_5	M. 85.—	M. 84.96_2	M. 84.92_6	M. 84.88_9	M. 84.85_3	M. 84.81_8

Feste Verhältniszahlen: K. 117.65 = 100 M.
M. 85 = 100 K.

Bei Erhöhung von 5 Hellern im Wechselkurse sinkt die Parität um 3.55 Pfennige.

Bei Verbilligung des Wechselkurses um 5 Heller steigt die Parität um 3.55 Pfennige.

Benutzung der Paritätentabellen.

Die Benutzung der Paritätentabellen soll an Beispielen dargethan werden:

1. Berlin notiert kurzes Wien: 84.55; $4^1/_2\%$
Wien notiert vista Berlin: 118.—; $5^1/_2\%$

Eignet sich für den Berliner Arbitrageur, um in Wien eine Schuld zu begleichen, der Weg der Rimesse oder der Weg der Tratte?

	M. 84.55	
+ 8 Tage/$4^1/_2\%$ „	—.08 (1‰)	Feste Zahl „117.65 pari mit 85.—" (s. Tabelle)
	M. 84.63	

118.— ist um 7 mal 5 Cents*) teurer, daher ist die Parität um 7 mal 3.55 = 25 Cents billiger als 85.—; sohin 84.75.

Arbitrium: Es eignet sich also zu Zahlungen nach Wien die direkte Rimesse besser.

2. Wien notiert Frankfurt a. M. 117.95 (vista) $5^1/_2\%$.
Frankfurt a. M. notiert dagegen Wien 84.85 (kurz) $4^1/_2\%$.

Ist es für den Arbitrageur in Frankfurt besser, sich, um eine Forderung einzuziehen, Markwechsel remittieren zu lassen (Benutzung des Wiener Kurses von deutschen Bankplätzen) oder auf den Wiener Kommissionär Kronenwechsel zu ziehen (Benutzung des Kronenwechselkurses von Frankfurt a. M.).

*) In der Arbitrage werden die Pfennige, Heller, Centimes etc. kurzweg mit Cents bezeichnet.

		M. 84.85
K. 117.95 vista	+ 1‰	„ —.08 8/4½%
		M. 84.93

Festes Verhältnis (lt. Tabelle) 117.65 pari mit 85.—.

Kurs 117.95 um 6 mal 5 Heller höher, daher die Parität um 6 mal 3.55 Pfennige = 21⅓ Pfennige billiger als 85.— d. i. 84.78.

Tratte a. Wien (Benutzung d. Kronenwechselkurses): 84.93
Rimesse a. Wien 84.78

Arbitrium: Zur Einziehung einer Forderung eignet sich die Tratte auf Wien besser.

2. Arbitrage zwischen Berlin (Frankfurt, Hamburg oder einem sonstigen deutschen Börsenplatze) und Holland.

Parität zwischen holländ Gulden und Mark.

Kurs in hfl. für 100 Mark	hfl. 58.85	hfl. 58.90	hfl. 58.95	**hfl. 59.—**	hfl. 59.05	hfl. 59.10	hfl. 59.15
Parität in Deutschland für 100 hfl.	M. 169.92	M. 169.78	M. 169.64	**M. 169.50**	M. 169.36	M. 169.22	M. 169.08

Feste Verhältniszahlen:

hfl. 59.— = 100 M.
M. 169.50 = 100 hfl.

Bei Erhöhung um 5 Cents im Wechselkurse sinkt die Parität um 14 Pfennige.

Bei Verbilligung des Wechselkurses um 5 Cents steigt die Parität um 14 Pfennige.

Parität zwischen Mark und holländ. Gulden.

Kurs in Deutschland für 100 hfl.	M. 169.90	M. 169.80	M. 169.70	M. 169.60	**M. 169.50**	M. 169.40	M. 169.30
Parität i. Holland für 100 M.	hfl. 58.85_6	hfl. 58.89_2	hfl. 58.92_8	hfl. 58.96_4	**hfl. 59.—**	hfl. 59.03_6	hfl. 59.07_2

Feste Verhältniszahlen:

M. 169.50 = 100 hfl.
hfl. 59.— = 100 M.

Bei Erhöhung um 10 Pfennige im Wechselkurse sinkt die Parität um 3,6 Cents.

Bei Verbilligung des Wechselkurses um 10 Pfennige steigt die Parität um 3,6 Cents.

Benutzung der Paritätentabellen.

Amsterdam notiert deutsche Bankplätze:

Kurze Sicht (8 Tage) . .	59.—	(5 %)
Lange Sicht (3 Monate) .	58.50	(5 %)

Berlin notiert Amsterdam:

Kurze Sicht (8 Tage) .	169.60	(4 %)
Lange Sicht (2 Monate) .	168.40	(4 %)

Ist es für den Berliner Arbitrageur besser, sich für eine Forderung Wechsel auf deutsche Plätze oder solche auf Amsterdam kommen zu lassen und welcher Sicht wird er dabei den Vorzug geben?

In Amsterdam:

	Kurze Sicht		Lange Sicht
	hfl. 59.—		hfl. 58.50
8/5 %	„ —.066	3 M./5 %	„ —.731
	hfl. 59.066		hfl. 59.231

In Berlin:

	Kurze Sicht		Lange Sicht
	M. 169.60		M. 168.40
8/4 %	„ —.15		„ 1.123
	M. 169.75		M. 169.523

Da es sich um die Einziehung einer Forderung handelt, würde, wenn wir uns dafür entscheiden, uns Amsterdamer Wechsel kommen zu lassen, jedenfalls dem kurzen Wechsel der Vorzug gegeben werden müssen, weil wir für 100 hfl. Forderung dadurch mehr Reichsmark erhielten.

Um jedoch das Pari für Holland zu finden, müssen wir, da der holländische Kurs den Divisor bildet, um zum grossen Quotienten zu gelangen, durch den kleineren dividieren, das ist ebenfalls der kurze Kurs.

Wir haben also bloss festzustellen, ob der Kurs 169.75 oder der Kurs 59.066 für den vorliegenden Zweck sich besser eignet.

Die feste Verhältniszahl ist

59.— = 169.50.

59.066 ist um mehr als 0.05 grösser, daher ist das Pari um mehr als 14 Pfennige kleiner als 169.50, also ca. 169.35.

Arbitrium: Der Berliner Arbitrageur wird sich für sein Guthaben kurze Amsterdamer Wechsel kommen lassen.

3. Arbitrage zwischen Berlin (Frankfurt, Hamburg oder einem sonstigen deutschen Börsenplatze) und Paris (beziehungsweise den übrigen Ländern, welche die Frankenwährung besitzen).

Parität zwischen Franken und Mark.

Kurs in Frankreich (und den übrigen Ländern mit Frankenwährung) für 100 Mark.	frs. 121.80	frs. 121.85	frs. 121.90	**frs. 121.95**	frs. 122.—	frs. 122.05
Parität in Deutschland für 100 Franken	M. 82.10	M. 82.06_7	M. 82.03_3	**M. 82.—**	M. 81.96_7	M. 81.93_3

Feste Verhältniszahlen: frs. 121.95 = 100 M.
M. 82.— = 100 frs.

Bei Erhöhung von 5 Centimes des Wechselkurses sinkt die Parität um $3\frac{1}{3}$ Pfennige.

Bei Verbilligung des Wechselkurses um 5 Centimes steigt die Parität um $3\frac{1}{3}$ Pfennige.

Parität zwischen Mark und Franken.

Kurs in Deutschland für 100 Franken	M. 82.10	M. 82.05	**M. 82.—**	M. 81.95	M. 81.90	M. 81.85	M. 81.80
Parität in Frankreich und den sonstigen Ländern m. Frankenwährung für 100 Mark	frs. 121.80	frs. 121.87½	**frs. 121.95**	frs. 122.02½	frs. 122.10	frs. 122.17½	frs. 122.25

Feste Verhältniszahlen: M. 82 = 100 frs.
frs. 121.95 = 100 M.

Bei Erhöhung von 5 Pfennigen des Wechselkurses sinkt die Parität um $7\frac{1}{2}$ Centimes.

Bei Verbilligung des Wechselkurses um 5 Pfennige steigt die Parität um $7\frac{1}{2}$ Centimes.

d) Diskont-Arbitrage.

§ 7. Wie bereits aus dem bisher Dargestellten hervorgeht, werden an vielen Börsenplätzen Auslandswechsel in kurzer sowie auch in langer Sicht notiert, und es weichen die Kurse, je nachdem sich das Bedürfnis nach der einen oder anderen Wechselgattung lebhafter gestaltet, von einander ab.

Ist z. B. in Leipzig

Amsterdam kurze Sicht (8 Tage) . mit 169.20

„ lange „ (2 Monate) . „ 168.20

notiert und beträgt der offizielle Bankdiskont (der beim Kurse angegebene Banksatz der Niederl. Bank) $3^1/_2$%, so sollte das 2monatl. Papier um die Zinsen für 52 bez. 60 Tage billiger sein als das kurze; dies ist aber nicht immer der Fall, die Spannung ist vorübergehend aus verschiedenartigen Gründen grösser oder geringer (s. S. 14, Probe b), sie wird aber durch die Diskontarbitrage, die im Nachfolgenden Erklärung findet, auf das normale Mass zurückgeführt.

Hat nämlich der Arbitrageur an einem Auslandsplatze eine Barschuld, so kann er diese — da er ja doch Kommittent ist — je nach seiner Wahl mit kurzlaufenden oder langlaufenden Wechseln decken. Im letzteren Falle werden ihm eben für seine Rimessen Zinsen abgerechnet.

Dies geschieht aber nicht zur Bankrate des Diskontplatzes, sondern zu dem am Platze zur Zeit bestehenden Privatdiskontsatze.

Durch die Differenz zwischen diesem und dem offiziellen Satze — der die Spannung zwischen kurz und lang darstellt — entsteht für den Zahlenden bisweilen ein Vorteil, der dann durch die Diskontarbitrage ausgenutzt wird.

Beispiele:

1. Berlin will in Amsterdam eine Schuld durch Rimessen begleichen. Es notieren:

kurzes Amsterdam (8 Tage) 169.20; Banksatz $3^1/_2$%

langes „ (2 Mte.) 168.20; „ „

Privatdiskont in Amsterdam $3^1/_8$%.

Zahlung mit kurzem Papier: M. 169.20.

Zahlung mit langem Papier:

Für 100 hfl. 2 Monate werden nach Abzug von $3^1/_8$% dem Arbitrageur kreditiert:

	hfl. 100.—
— 60/$3^1/_8$%	„ —.52083
	hfl. 99.47917

x Mark bare Zahlung	**für 100 hfl. Schuld,**
wenn hfl. 99.47917 die Entlastung bilden für	**100 hfl. 2 Mt.-Wechsel**
und wenn 100 hfl. 2 Mt.-Wechsel mit	**168.20 bar bezahlt werden.**

16 820 : 99,47917 = M. 169.08.

Arbitrium: Durch lange Amsterdamer Wechsel wird eine Schuld von hfl. 100.— mit M. 169.08 beglichen, während die Begleichung durch kurze Wechsel M. 169.20 kostet.

2. Paris will in Berlin eine bare Forderung durch Rimessen einziehen.

Soll es sich kurze Rimessen a./Paris à 81.45 $3\frac{1}{2}$%, oder lange Rimessen a./Paris à 81.— $3\frac{1}{2}$% machen lassen, wenn die letzteren in Paris zum Privatdiskont von $3\frac{1}{8}$% begeben werden könnten?

Kurze Rimessen:

	M. 81.45	
8/$3\frac{1}{2}$%	„ —.064	
	x frs. bar	100 M. bare Forderung
	81.514	100 frs. bar

10000 : 81,514 = frs. 122.68.

Lange Rimessen:

x frs. bar	100 M. bare Forderung
81	100 frs. 2 Mt.-Wechsel à $3\frac{1}{8}$%
100	99,4792

9947,92 : 81 = frs. 122.81.

Arbitrium: Paris wird sich lange Rimessen Berlin à 81.— kommen lassen.

e) Zinsdifferenz-Arbitrage.

§ 8. Sind Schuld und Forderung nicht sofort fällig, sondern erst nach einer bestimmten Anzahl von Monaten, so findet eine besondere Art der Diskont-Arbitrage, die sog. Zinsdifferenz-Arbitrage, Anwendung.

Bei derselben wird vorausgesetzt, dass der Kontokorrentzinsfuss ein anderer sei, als der im gewöhnlichen Zinsenrechnen benützte Bankzinsfuss des Fremdplatzes.

Der Schwerpunkt liegt bei dieser Form der Arbitrage darin, dass das später fällige Guthaben im Wege des Kontokorrentzinsfusses auf die Basis der Kontantzahlung gebracht wird, der auch der zum Ausgleich zu benutzende Kurs entsprechen muss, d. h. es wird ein etwa benutzter langer Kurs auf a vista gebracht werden müssen.

Ein Beispiel soll das Gesagte beleuchten.

15. März. Berlin hat in Amsterdam hfl. 100 000.— p. 15./4. zu fordern.

Wie soll der Berliner Arbitrageur die Forderung einziehen, wenn Amsterdam im Soll des Kontokorrents 4% berechnet und Berliner Wechsel:

hfl. 58.40 für 100 M. 2 Mte. $5\frac{1}{2}$%
„ 58.90 „ 100 „ kurz $5\frac{1}{2}$%

notieren, während in Berlin Amsterdam zu

M. 169.50 p. 8 Tage 3½%
„ 168.70 „ 2 Mte. 3½%

verkäuflich ist.

A) Direkte Tratte (Berlin trassiert auf Amsterdam und begiebt die Wechsel).

a) zum kurzen Kurse: 100 hfl. p. 15./4.

à 169.50 (Kursverfall 8 Tage v. 17./3.*)	M.	169.50
— 20/3½%	„	—.33
	M.	169.17

b) zum langen Kurse: 100 hfl. p. 15./4.

à 168.70 (Kursverfall 2 Mte. v. 17./3. = 17./5.)	M.	168.70
+ 32/3½%	„	—.525
	M.	169.225

B) Rimesse (Berlin beauftragt Amsterdam, deutsche Wechsel zu kaufen und zu remittieren).

a) zum kurzen Kurse:

M. 100.— =	hfl.	58.90	(Kurs für ein 8 Tage-Papier)
+ 8/5½%	„	—.072	
	hfl.	58.972	(Kurs für ein a vista-Papier)
29 Tg./4%	„	—.189	(aufgezinst zum Kontokorrent-Zinsfusse (4%) vom 16./3., d. i. vom Ausführungstage bis zum 15./4. (Fälligkeitstag)
	hfl.	59.161	

b) zum langen Kurse:

M. 100.— =	hfl.	58.40	(Kurs für ein 2 Mt.-Papier)
+ 2 M./5½%	„	—.535	
	hfl.	58.935	(Kurs für a vista)
29 Tg./4%	„	—.189	(aufgezinst v. 16./3.—15./4.)
	hfl.	59.124	

Parität zum kurzen Kurse: 10000 : 59,161 = M. 169.03.
„ „ langen „ 10000 : 59,124 = M. 169.136.

Arbitrium:

Durch Begebung von direkten, kurzen Tratten a. Amsterdam . . . . . . M. 169.17

*) Die Berechnung erfolgt mit Rücksicht darauf, dass die Begebung erst am 17./3. erfolgen kann, von diesem Tage ab. Die Tratte ist mittelsichtig; die Kurse 169.50 und 168.70 stellen jeweilige Abmachungen unter Berücksichtigung des Stempels dar, der bei vom Inland auf das Ausland gezogenen Appoints mit Laufzeit über 10 Tage in Rechnung gezogen werden muss.

Durch Begebung von direkten, langen Tratten a. Amsterdam	M. 169.225
Durch Bezug von deutschen Wechseln aus Amsterdam unter Benutzung des dortigen kurzen Kurses	M. 169.03
Durch Bezug von deutschen Wechseln aus Amsterdam unter Benutzung des dortigen langen Kurses	M. 169.136

Es ist daher für den Berliner Arbitrageur am vorteilhaftesten, sich für sein Guthaben von Amsterdam lange holländ. Wechsel kommen zu lassen und diese an der Berliner Börse zu begeben.

Probe.

1. Rimesse aus Amsterdam.

Kontokorrent des Arbitrageurs beim Kommissionär in Amsterdam.

Debet. . . . ., Berlin. Kredit.

Debet	Kredit
Für Rimesse 15./4. hfl. 100 000.—	Für Saldo 15./4. hfl. 100 000.—

Verkauf des Wechsels in Berlin.

a) Zum kurzen Kurse:

17./3. hfl. 100000.— p. 15./4. à 169.50	M. 169 500.—
— Zinsen 20/3½%	„ 329.58
Erlös bei Begebung	M. 169 170.42

b) Zum langen Kurse:

17./3. hfl. 100000.— p. 15./4. à 168.70	M. 168 700.—
+ 32/3½%	„ 524.85
Erlös bei Begebung	M. 169 224.85

2) Ankauf von Wechseln auf deutsche Plätze in Amsterdam.

a) Zum kurzen Kurse:

Kontokorrent des Arbitrageurs beim Kommissionär in Amsterdam.

Debet. . . . ., Berlin. Kredit.

Debet		Kredit	
Für gek. Wechsel a. Deutschland 16./3. hfl.	99 678.82	Für Saldo 15./4. hfl.	100 000.—
Für Zinsen vom 16./3.—15./4. 4% 29 Tg. hfl.	321.18		
hfl.	100 000.—	hfl.	100 000.—

M. 169 027.39 Ausgleichs-Rimesse (Auszahlung, Net-Appoint) a vista à 58.90 (franko tout; Kurs p. 24./3.) . . . hfl. 99 557.13
8 Tage/$5^1/_2$% „ 121.69
Val. p. 16./3. (s. Kontokorrent) hfl. 99 678.82

b) Zum langen Kurse:

Kontokorrent des Arbitrageurs beim Kommissionär in Amsterdam.

Debet.	. . . ., Berlin.	Kredit.
Für gek. Wechsel a. Deutschland 16./3. hfl.	99 678.82	Für Saldo 15./4. hfl. 100 000.—
Für Zinsen vom 16./3.—15./4. 4% 29 Tg. hfl.	321.18	
hfl.	100 000.—	hfl. 100 000.—

M. 169 132.53 Ausgleichs-Rimesse (Auszahlung, Net-Appoint) a vista à 58.40 (franko tout; Kurs p. 16./5.) . . . hfl. 98 773.40
+ 60 Tage/$5^1/_2$% „ 905.42
Val. p. 16./3. hfl. 99 678.82

f) Transitostempel-Arbitrage.

§ 9. Werden Wechsel vom Auslande auf das Ausland gezogen, so dass sie durch das Inland bloss durchziehen (transitieren), dann unterliegen dieselben in manchen Staaten ganz geringen, in anderen Staaten aber gar keinen Stempelabgaben.

Aus dieser differentiellen Abgabenbehandlung sucht die moderne Devisenarbitrage Nutzen zu ziehen.

Um dies geeignet darstellen zu können, wollen wir vorerst aus den Stempelbestimmungen der wichtigsten Länder die Sätze für transitierende Wechsel vergleichsweise zusammenstellen: *)

Deutschland. Die vom Ausland auf das Ausland gezogenen, im Auslande zahlbaren Wechsel sind stempelfrei.

Belgien. Der Stempel für im Ausland ausgestellte und im Auslande zahlbare Papiere, die belgische Giri tragen, ist auf die Hälfte herabgesetzt und beträgt

*) Entnommen der empfehlenswerten Arbeit: Die europäischen Wechselstempel-Gesetze von Wilhelm Rotholz, Wien-Leipzig, A. Hartlebens Verlag.

bis 200	frs.	anstatt	10	c.	bloss	5 c.
„ 500	„	„	25	„	„	13 „
„ 1000	„	„	50	„	„	25 „

und für weitere 1000 frs. um 25 c. mehr.

Bulgarien. Transitowechsel zahlen den vollen Wechselstempel.

Dänemark. Transitowechsel sind stempelfrei.

England. Transitowechsel zahlen den vollen Wechselstempel.

Frankreich. Transitowechsel zahlen für je frs. 2000 oder Teilbeträge, die dann als volle 2000 angenommen werden, 50 c. (d. i. die Hälfte des normalen Wechselstempels).

Griechenland. Transitowechsel zahlen den vollen Wechselstempel.

Holland. Transitowechsel zahlen 5 Cents ohne Rücksicht auf die Höhe des Betrages.

Italien. Transitowechsel zahlen den vollen Wechselstempel.

Öst.-Ungarn. Transitowechsel (auch Anweisungen, Checks) unterliegen der festen Gebühr von 4 Heller für je K. 200, wobei der Restbetrag unter K. 200 als voll anzunehmen ist.

Russland. Transitierende Wechsel sind nur dann zu stempeln, wenn sie in Russland acceptiert werden; sonst sind sie stempelfrei.

Serbien. Transitowechsel sind stempelfrei.

Türkei. Transitowechsel zahlen die Hälfte des Wechselstempels.

Beispiele mit Erläuterung.

1. Bukarest bezieht aus Paris frs. 60 000.— lange Papiere, welche zur Remittierung nach Berlin bestimmt sind.

Würde der Pariser Kommissionär im Auftrage des Bukarester Kommittenten die thatsächliche Übersendung der in Paris ausgestellten und in Paris zahlbaren Papiere vornehmen, so wären die Wechsel beim Einlangen in Bukarest mit dem rumänischen Stempel in der Höhe von Leï 60.— (d. i. mit dem vollen Wechselstempel für Franken [= Leï] 60 000) zu versehen.

Lässt der Kommittent die Papiere jedoch direkt nach Berlin senden, so entfällt — da Deutschland keine Transitostempelgebühr einhebt — diese Abgabe.

Allerdings könnte man vielleicht darüber im Zweifel sein, ob dann — da es sich ja doch bloss um eine Ersparnis handelt — eine solche Transaktion überhaupt mit Arbitrage bezeichnet werden darf?

Die Frage muss unbedingt bejaht werden, wenn man bei Beurteilung derselben sich den Grundbegriff der Arbitrage vor Augen hält.

Da diese die Aufgabe hat, u. a. den günstigsten Weg zur Zahlung einer Schuld zu ermitteln und sich dieser Weg bei Verringerung der Kosten naturgemäss günstiger gestaltet, so kann die durch die Ersparnis des Transitostempels erzielte Verbilligung gleichgehalten werden mit der „Marge" (dem Arbitragegewinne).

2. London bezieht von Brüssel frs. 150 000.— lange Wechsel, welche zur Zahlung einer Verbindlichkeit in Amsterdam bestimmt sind.

Würde der Kommissionär in Brüssel im Auftrage des Londoner Arbitrageurs die faktische Übersendung der Wechsel an diesen bewerkstelligen, so würden die Wechsel beim Einlangen in London mit dem Transitostempel in der Höhe von £ 3.—.— (d. i. mit dem vollen Wechselstempel [150 000 frs. = 6000 £]) zu versehen sein, welche Gebühr bei direkter Remittierung nach Amsterdam in Wegfall kommt.

(In Holland ist bei Einhebung des Betrages bloss eine Quittungsstempelgebühr von 5 Cents — ohne Rücksicht auf die Höhe des Wechselbetrages — zu entrichten.)

g) Direkter Ausgleich durch fremde Wechselgattungen.*)

Beispiel mit Erläuterung.

§ 10. Berlin schuldet an Paris bar frs. 100 000 und will diese Schuld entweder mittels direkter Rimesse, Ausgleichs-(Mark-)Tratten, oder endlich durch eine Devise auf einen anderen Platz begleichen.

Welcher Weg eignet sich am besten?

Berlin notiert	Paris	81.45,	kurz;	4%
	Amsterdam	169.60,	„	4½%
	Brüssel	81.30,	„	4%
	London	20.60,	„	5%
	St. Petersburg	216.80,	„	6%
	Wien	85.07½,	„	5½%

*) S. Anmerkung auf Seite 29.

Paris notiert	Berlin $121\frac{5}{16}$,	3 Monate;	4%
	Amsterdam $206\frac{3}{8}$,	3 Monate;	4%
	Brüssel $\frac{1}{4}$% perte (100 frs. = $99\frac{3}{4}$ frs.);		4%
	London $25.30\frac{1}{2}$,	vista;	5%
	St. Petersburg $263\frac{1}{8}$,	3 Monate;	4%
	Wien $103\frac{1}{2}$,	3 Monate;	4%

1. Direkte Rimesse:

$$\begin{array}{rr} & 81.45 \\ + 8/4\% = & -.072 \\ \hline & = \text{M. } 81.522 \end{array}$$

2. Tratte:

$$\begin{array}{lr} & 121.312 \\ + 3 \text{ M.}/4\% & 1.213 \\ \hline 10\,000 : & 122.525 = \text{M. } 81.616 \end{array}$$

3. Durch Ankauf von Amsterdamer Wechseln in Berlin und Sendung derselben nach Paris:

169.60	frs. 206.375
+ $8/4\frac{1}{2}$ —.17	+ 3 M./4% „ 2.064
vista M. 169.77	frs. 208.439

Wieviel Marksumme kostet die Begleichung von	100 Franken Schuld
wenn in Paris frs. 208.439 bar kreditiert werden für dorthin eingesendete	100 hfl. vista
und für diese 100 hfl. . . .	in Berlin 169.77 M. bar zu bezahlen waren.

16 977 : 208.439 = M. 81.45
(= Berliner Kurs × 100 : Pariser Kurs).

Der Arbitrageur wendet bei Aufsuchung des geeignetsten Deckungsweges mittels Fremdwechseln folgende Kurzrechnungsregel an:

☛ **Hundertfacher Kurs des Eigenplatzes dividiert durch den Kurs des Fremdplatzes.** ☚

4. Durch Ankauf von Wechseln aus Brüssel und Sendung derselben nach Paris:

M. 81.30	frs. 99.75
+ 8/4% „ —.072	
M. 81.372	

8137.2 : 99.75 = M. 81.58.

5. Durch Ankauf von Wechseln in London und Sendung derselben nach Paris:

M. 20.60	frs. $25.30\frac{1}{2}$
+ 8/5% „ —.023	
M. 20.623	

2062.3 : 25.305 = M. 81.49.

6. Durch Ankauf von Wechseln in St. Petersburg und Sendung derselben nach Paris.

M. 216.80	frs. 263.50
+ 8/6% „ —.289	+ 3 M./4% „ 2.635
M. 217.089	frs. 266.135

21 708.9 : 266.135 = M. 81.57.

7. Durch Ankauf von Wechseln in Wien und Sendung derselben nach Paris.

M. 85.075	frs. 103.50
+ $8/5\frac{1}{2}$% „ —.104	+ 3 M./4% „ 1.035
M. 85.179	frs. 104.535

8517.9 : 104.535 = M. 81.48.

Arbitrium: Berlin wird die Schuld mit kurzen Amsterdamer Wechseln begleichen.

B) Indirekte Ausgleichs-Arbitrage.

§ 11. Wird zur Erzielung eines billigen Deckungskurses die Vermittelung fremder Wechselplätze in Anspruch genommen, so spricht man von einer indirekten Arbitrage.*)

Es kann ein Berliner Arbitrageur eine Schuld in Paris durch ein Wiener, Amsterdamer oder Londoner Haus ausgleichen lassen; dadurch ist die Schuld an einem anderen Platze entstanden und es handelt sich nun darum, diese geeignet zu begleichen.

Naturgemäss sind die Spesen bei der indirekten Arbitrage infolge der Provisionen, Kurtagen des Vermittelungsplatzes wesentlich höhere, als bei der direkten.

Beispiele.

1. *(Ohne Rücksicht auf Spesen.)*

Hamburg hat in Paris eine Schuld zu decken. Soll der Hamburger Arbitrageur remittieren? soll er auf sich direkt oder für seine Rechnung auf einen Zwischenplatz trassieren lassen?

*) Vielfach begegnet man der Ansicht, dass auch die Ausgleichung durch fremde Wechselgattungen in das Gebiet der indirekten Arbitrage gehört.

Hamburg notiert Paris: 81.25; Sicht (vista).
Paris notiert Hamburg: 122.—; 3 M. 4%
„ „ London: 25.30; vista 4%
„ „ Amsterdam: 207.—; 3 M. 4%
„ „ Wien: 103.25; 3 M. 4%

Hamburg kann zur Deckung der neu entstehenden Schuld auf dem Zwischenplatze von dort aus auf sich trassieren lassen.

London notiert Hamburg (Deutschland): 20.71½; 3 M. 4%.

Amsterdam notiert Hamburg (Pruisische Bankplaatzen): 58.30; 3 M. 4%.

Wien notiert Hamburg (Deutsche Bankplätze): 118.—; vista 4% (1 Posttag).

a) Direkte Rimesse . . . . M. 81.25

b) Direkte Tratte . . . . M. 81.15

[122.—
+ 3 M./4% 1.22
10 000 : 123.22 = 81.15]

c) Begleichung durch Tratte auf London.

x Mark bar	für 100 frs. bare Schuld
25.30	1 £ Schuld in London
1	20.508 bar durch Tratte des Londoner Kommissionärs

2050.8 : 25.3 = . . . M. 81.06.

[Für 1 £ giebt oder erhält man in London ± 20.715 Wechselsumme p. 3 Mte. Gleich fällige Wechselsumme erhält man weniger.

M. 20.715
— 3 M./4% „ —.207
M. 20.508 gleich fällige Wechselsumme für 1 £]

(Hier wird angenommen, dass auch der Privatdiskont sich in Deutschland auf 4% stellt (s. S. 14, Probe, b). Auch in London werden gleichfällige Wechselsummen zum kurzen resp. vista-Kurse gehandelt.)

d) Begleichung durch Tratte auf Amsterdam.

x Mark bar	für 100 frs. bare Schuld
209.07	100 hfl. bar
58.883	100 M. bar

10 000 : 123.11 = . . . M. 81.23.

[207.—
+ 3 M./4% 2.07
209.07

58.30
+ 3 M./4% —.583
58.883

209.07 × 58.883
= 123.11]

e) Begleichung durch Tratte auf Wien.

10 000 : 123.06 = . . M. 81.26.

[	103.25	118.—
+ 3 M./4 %	1.03	+1 Tg./4 % —.01 (1 Posttag)
	104.28 × 118.01	118.01]
	= 123.06	

Arbitrium. Der vorteilhafteste Weg zur Schulddeckung wird durch die niedrigste Paritätenziffer gekennzeichnet. Hamburg wird im vorliegenden Falle Paris beauftragen, auf London à 25.30 zu trassieren. Die in London dadurch entstehende Schuld wird der Londoner Kommissionär auftragsgemäss durch direkte Tratte auf Hamburg à 20.71½ 3 Mte. dato ausgleichen.

2. *(Mit Berücksichtigung der auflaufenden Spesen.)* London schuldet an Paris frs. 100 000.—.

In London notiert:

Paris short (vista) 25.20: 3 %
„ lang (3 months) 25.35: 3 %

Pariser Wechsel notieren weiters in:

Amsterdam	kurze S. (8 Tage)	47.95: 3 %
Berlin	„ „ „ „	81.10: 3 %
Wien	vista (2 Posttage)	96.—: 3 %

Die Deckung würde London durch Rimessen besorgen:

nach Amsterdam: 12.2½ (Stuiber), short 4 %
„ Berlin: 20.65; 3 M. 5 %
„ Wien: 24.48; 3 M. 5 %

Die Spesen betragen:

Benutzung des Mittelplatzes Amsterdam 3½ ‰
„ „ „ Berlin 3⅙ ‰
„ „ „ Wien 3¼ ‰

a) Direkte Rimesse mit kurzem Paris (für 1 £ Schuld) frs. 25.20.

b) Direkte Rimesse mit langem Paris.

	25.35	3 Mte.
— 3 M./3 %	—.1902	
	25.1598	frs. 25.16.

c) Durch Rimesse (Pariser Wechsel) aus Amsterdam mit Deckung nach Amsterdam.

12.2½ Stuiber
= 12.12½ hfl.
hfl. 47.95 8 T.
+ 8/3 % „ —.032
hfl. 47.982 = frs. 25.26
ab Spesen 3½ ‰ „ —.087
frs. 25.173

x Franken bar	1 £ Schuld
1	12.125 hfl.
47.982	100 Franken bar

frs. 25.173.

d) Durch Rimesse aus Berlin mit Deckung nach Berlin.

	20.65	81.10
— 3 M./5 %	—.258	+ 8/3 % —.054
	20.392	81.154

2039.2 : 81.154 = 25.127.

	frs. 25.127	
ab Spesen $3\frac{1}{6}$ ‰	„ —.0795	
	frs. 25.0475	frs. 25.048.

e) Durch Rimesse aus Wien mit Deckung nach Wien.

	24.48 3 Mte.	96.—
— 3 M./5 %	—.306	+ 2 Posttage/3 % —.016
	24.174	96.016

2417.4 : 96.016 = 25.176.

	frs. 25.176	
— $3\frac{1}{4}$ ‰ Spesen	„ —.081	
	frs. 25.095	frs. 25.095.

Arbitrium: Die Deckung vom eigenen Platze aus mit kurzem Papier ist für London am vorteilhaftesten (da London am eigenen Platze für £ 1.— Geldausgabe zur Deckung der Schuld in Paris die grösste Frankenmenge erhält).

II. Die Differenz- (Börsen-) Arbitrage.

§ 12. Die Differenz-Arbitrage bezweckt die Ermittelung des billigsten Ankaufsplatzes für ein Börsenobjekt und die gleichzeitige Feststellung des teuersten Verkaufsplatzes für dasselbe, um auf der Basis der gefundenen Resultate einen Kauf auf dem einen Platze und einen Verkauf auf dem anderen bewerkstelligen zu können. Bei dieser Ermittelung handelt es sich also nicht — wie bei der Ausgleichs-Arbitrage — darum, ein schon bestehendes Guthaben in günstiger Weise einzuziehen oder eine schon bestehende Schuld geeignet zu begleichen, sondern es wird eine Schuld in der Gewinnabsicht am Fremdplatze zur Entstehung gebracht, um durch eine Gegentransaktion getilgt zu werden. Z. B.: Ein Berliner Arbitrageur kauft auf Grund einer vorher gemachten Kalkulation Wiener Wechsel und sendet sie nach Amsterdam mit dem Auftrage, dieselben dort zu verkaufen und dagegen Pariser Wechsel zu kaufen, welche der Arbitrageur in Berlin verkauft.

Auch bei der Differenz-Arbitrage wendet man sowohl die direkte als auch die indirekte Methode an. Handelt es sich darum, die Kurse zweier Börsenplätze in der Weise zu vergleichen, dass aus dieser Vergleichung hervorgeht, welche Devisengattung an dem einen Platze im Vergleiche mit dem anderen besonders hoch oder niedrig notiert wird, um sodann in dieser Devisengattung von dem einen Platze aus nach dem anderen hin die Spekulation einzuleiten, so nennt man dies eine direkte Arbitrage (Wahl des Börsenwertes).

Wird dagegen ein bestimmter einzelner Börsenwert in die Betrachtung gezogen und dessen Notierung an den verschiedenen Plätzen nach der Usance des Arbitrageplatzes kalkuliert, so liegt eine indirekte Arbitrage vor (Wahl des Kaufs- und Verkaufsplatzes).

1. Direkte Differenz-Arbitrage (Wahl des Börsenwertes).

§ 13. Berlin arbeitet mit St. Petersburg und findet an einem Tage folgende Kurse:

In St. Petersburg (Privatnotiz):

Amsterdam:	Für 100 hfl.	a vista,	78.40;	4%
Paris:	„ 100 frs.	„	37.50;	3%
London:	„ 10 £	Sicht,	94.75;	4%

(Offiziell notiert St. Petersburg Amsterdam und Paris für 3 Monate.)

In Berlin:

Amsterdam: Für 100 hfl., 8 Tage, 169.20; 4% (= 169.35 vista)
Paris: Für 100 frs., 8 Tage, 81.05; 3% (= 81.104 vista)
London: Für 1 £, 8 Tage, 20.42; 4% (= 20.438 vista)
Direkte Rimesse St. Petersburg: 100 Rbl. = M. 216.10.

Wie wird Berlin diese Kurse benutzen?

Kalkulation der Devise Amsterdam:

x Mark bar	100 hfl. vista
100	78.40 Rubel
100	216.10 Mark bar

= M. 169.42 in St. Petersburg
„ 169.35 in Berlin
Differenz: 0,413‰.

Kalkulation der Devise Paris:

x Mark bar	100 Franken
100	37.50 Rubel
100	216.10 Mark bar

= M. 81.04 in St. Petersburg
„ 81.104 in Berlin

Differenz: 0,789 ‰.

Kalkulation der Devise London:

x Mark bar	1 Pfd. Sterl.
10	94.75 Rubel
100	216.10 Mark bar

= M. 20.475 in St. Petersburg
„ 20.438 in Berlin

Differenz: 1,81 ‰.

Zusammenstellung:

Devise Amsterdam	ist um	0,413 ‰ teurer	als in Berlin
„ Paris	„ „	0,789 ‰ billiger	„ „ „
„ London	„ „	1,81 ‰ teurer	„ „ „

Arbitrium: Berlin wird St. Petersburg beauftragen, Pariser Wechsel einzukaufen und dagegen Londoner Wechsel zu begeben.

2. Indirekte Differenz-Arbitrage (Wahl des Kaufs- und Verkaufsplatzes).

Beispiel:

§ 14. Indirekte Differenz-Arbitrage Hamburgs in Devise St. Petersburg.

Der Preis derselben wird von allen Hauptplätzen aus nach Hamburger Usanz in Mark kalkuliert und auf Grund der Kalkulation die Frage beantwortet, an welchem Orte die Devise St. Petersburg zu kaufen und an welchem sie an dem betreffenden Tage mit Erfolg zu verkaufen ist.

Im vorliegenden Beispiele soll ein 3 Monat-Papier Gegenstand der Untersuchung bilden.

Devise Petersburg ist notiert in

Hamburg:	3 Mte. ($5\frac{1}{2}$%)	212.50	(= 212.50 für 3 Mte.)
Berlin:	3 „ „	212.90	(= 212.90 „ 3 „)
Frankf. a. M.:	8 Tage „	214.50	(= 212.80 „ 3 „)
London:	3 Mte. ($5\frac{1}{2}$%)	$24\frac{27}{32}$	(= $24\frac{27}{32}$ pence bar für 1 Rbl. für 3 Mte.)

Paris:	3 Mte.	($5^1/_2$%)	262.10	(= 262.10 für 3 Mte.)
Wien:	vista	„	254.20	(= 250.75 „ 3 „)
Amsterdam:	3 Mte.	„	125.15	(= 125.15 „ 3 „)

Hamburger Ausgleichskurse, zu welchen Schuld und Forderungen auf dem Kaufs- und Verkaufsorte direkt gedeckt werden können:

London:	$20.51^1/_2$	Sicht (0 Tag)
Paris:	81.05	„ „
Wien:	84.75	„ „
Amsterdam:	169.80	„ „

Kalkulation der Devise St. Petersburg in Hamburg:

Bar M. 212.50 (für ein 3 Monat-Papier).

Kalkulation der Devise St. Petersburg in Amsterdam:

x Mark bar	100 Rbl. 3 Mte.
100	125.15 hfl. bar
100	169.80 bar

= bar M. 212.50 (für ein 3 Monat-Papier).

Kalkulation der Devise St. Petersburg in London:

x Mark bar	100 Rbl., 3 Mt.-Papier
1	$24^{27}/_{32}$ pence bar
240	20.515 M. bar = M. 212.40.

Kalkulation der Devise St. Petersburg in Paris:

x Mark bar	100 Rbl. 3 Mt.-Papier
100	262.10 frs. bar
100	81.05 M. bar = M. 212.43.

Kalkulation der Devise St. Petersburg in Wien:

250.75 · 84.75 = M. 212.51.

Zusammenstellung:

Drei Monate laufende Devise St. Petersburg kostet:

in Hamburg	212.50
„ Amsterdam	212.50
„ Berlin	212.90
„ Frankfurt a. M.	212.80
„ London	212.40
„ Paris	212.43
„ Wien	212.51

Arbitrium: St. Petersburger Devise ist in London zu kaufen und in Berlin zu begeben. Die Differenz beträgt für 100 Rubel, 3monatl. Papier,

M. —.50	d;	davon gehen ab an Provision, Kurtagen und sonstigen Spesen
„ —.12½	„	(dabei ist ungestempeltes Papier [von St. Petersburg auf St. Petersburg gezogenes] ins Auge gefasst), daher Unterschied (Marge):
M. —.37½	d	p. 100 Rubel.

2. Die Gold- und Münz-Arbitrage.

Münzprägung.

§ 15. Deutsche Münzstätten befinden sich in Berlin (Münzzeichen A), München (Münzzeichen D), Dresden (jetzt Muldener Hütte bei Freiberg i. S., Münzzeichen E), Stuttgart (Münzzeichen F), Karlsruhe (Münzzeichen G) und Hamburg (Münzzeichen J). In Frankfurt a. M. befindet sich eine amtliche Probieranstalt.

Soweit die deutschen Münzstätten nicht für das Reich beschäftigt sind, kommen sie auch Aufträgen von Privatpersonen, welche sich aus Gold in Barrenform oder aus ausländischen Sorten 20 Markstücke prägen lassen wollen, nach.

Die Prägungsgebühr beträgt 3 Mark, so dass für das Pfund Gold 1392 Mark bezahlt werden.

Das Remedium, welches die Münzstätten für Abweichungen im Feingehalte und Gewicht berechnen, beträgt 1 ‰.

Somit vergüten die Münzämter für 1 Pfund Feingold

Mark 1390.608.

Mark	1395.—	
„	3.—	Prägegebühr
Mark	1392.—	
„	1.392	Remedium
Mark	1390.608	

In der Praxis kommt es nur sehr selten vor, dass sich Private wegen Ausprägung direkt an eine Münzstätte wenden, weil sie Zinsenverlust zu erleiden haben würden und wesentlich vorteilhafter daran sind, wenn sie die Goldbestände oder Sorten der Deutschen Reichsbank zuliefern (s. „Prägung oder Tarifankauf“, S. 39).

Bedingungen der Reichsbank für An- und Verkauf von Edelmetall.

§ 16. Bei der Reichshauptbank in Berlin, sowie bei sämtlichen selbständigen Bankanstalten werden von bekannten Personen und Handlungshäusern

Imperialen (alte $^{11}/_{12}$ fein) zum Preise von M. 1275.768
" (neue, $^{9}/_{10}$ fein), Halb-Imperialen zum Preise von . " 1252.5216
Sovereigns zum Preise von . . . . " 1275.768
Eagles zum Preise von . . . . . " 1252.80
Holländische Zehnguldenstücke u. Doppel-Goldwillems zum Preise von " 1252.6608
Zwanzigfrankenstücke (französischer, belgischer, italienischer, serbischer und monakischer Prägung), ferner
Rumänische 20 Leï-Stücke und
Österreichische 8 fl.-Stücke zum Preise von . . . . " 1252.104
Zehn- u. Fünffrankenstücke (französischer, belgischer und italienischer Prägung) zu demselben Preise wie Zwanzigfrankenstücke unter Abzug von $^{1}/_{10}$ vom Tausend vom Bruttogewicht für Schmutzabgang (Kalo).
Dänische u. schwedische Zehn- u. Zwanzigkronenstücke zum Preise v. " 1252.104
Argentin. Gold-Pesos " " " " 1252.104
Neue, nach dem Gesetze v. 14. Nov. 1885 geprägte ägypt. Hundertpiaster-Stücke (mit 24 mm Durchmesser zu 0,8749 fein) zum Preise von . . . " 1217.8608
Japanische Goldmünzen (Yens) zum Preise von . . . . " 1252.6608
Chilenische Kondors aus den Jahren 1851 bis 1891/92 (Normalgewicht 15,253 Gramm) zum Preise von . . " 1251.5472

sämtlich für das Rauhpfund angekauft.

[Das Bruttogewicht wird auf 3 Dezimalstellen unter Weglassung überschiessender Bruchteile festgestellt. Teilstücke von Goldmünzen werden nur angekauft, soweit dieselben zur Herstellung eines bestimmten Gewichtes dienen.]

Ausserdem kaufen die Reichshauptbank und die Reichsbankhauptstellen in Hamburg und Leipzig:

Österreichische Dukaten zum Preise von M. 1370.772
und Türkische Lire zum Preise von . " 1273.68

ferner die Reichshauptbank und die Bankanstalten in Bremen, Köln, Frankfurt a. M., Hamburg und Metz:

Spanische Alphonsd'or der Jahrgänge von 1881 ab (ausschliesslich Alphons XIII.) z. Preise v. M. 1249.8768 für das Rauhpfund.

Goldstaub wird für Rechnung des Einlieferers eingeschmolzen und nach dem Schmelzergebnis zu den für Goldbarren geltenden Sätzen angekauft.

Gold in Barren wird bei denjenigen Bankanstalten angekauft, an deren Sitze sich eine Münzstätte oder eine staatliche Probieranstalt befindet (s. S. 36), ferner in Bremen, Köln, Metz, Mülhausen i. E. und Strassburg.

Die Barren müssen mindestens 5 Pfund Rauhgewicht und einen Feingehalt von wenigstens $^{900}/_{1000}$ haben.

Werden mehrere Barren gleichzeitig zum Verkauf angeboten, so genügt es, wenn der Durchschnitts-Feingehalt sich auf mindestens $^{900}/_{1000}$ stellt.

Der Preis beträgt 1392 Mark für das Pfund fein und wird ohne Abzug sogleich bezahlt, wenn der Feingehalt durch Beibringung von Probierscheinen einer deutschen Münzstätte (über Doppelprobe) nachgewiesen wird.

Ist letzteres nicht der Fall, so werden die Barren, ohne dass dem Verkäufer Transportkosten entstehen, einer deutschen Münze übersandt und von dem Preise die Probierkosten mit 3 Mark für jeden Barren abgezogen. (Das Feingewicht der Barren wird bis 4 Dezimalstellen genau angegeben.)

Die Auszahlung des Preises erfolgt erst, nachdem die Barren auf der Münze probiert sind; dem Einlieferer wird jedoch auf Verlangen sogleich ein Vorschuss bis zur Höhe von $^{9}/_{10}$ des (durch anderweite Probierscheine fremder Münzstätten oder bekannter Affineure) nachgewiesenen Wertes der Barren gewährt. (Der Verkäufer muss sich schriftlich verpflichten, diejenigen Barren, welche bei der späteren Einschmelzung als spröde oder iridiumhaltig erkannt werden, gegen Erstattung des Kaufpreises zurückzunehmen.)

Der Ankauf von Silber, gleichviel in welchem Zustande, ist bis auf weiteres sistiert. Gesuche um käufliche Überlassung von Gold in Barren oder fremden Münzen sind durch Vermittelung der Bezirks-Bankanstalt an das Reichsbank-Direktorium in Berlin zu richten. Der Preis wird in jedem einzelnen Falle nach Massgabe des Goldpreises am Weltmarkte besonders festgesetzt.

Prägung oder Tarifankauf.

(Vergleichung der Münzprägungsergebnisse mit den festen Ankaufssätzen der Reichsbank.)

a) Prägungsergebnisse.

§ 17. Für 500 russ. (alte) Halbimperialen erhält man (das normale Gewicht bez. den normalen Goldgehalt vorausgesetzt) bei den deutschen Münzstätten 417.092 20 Markstücke oder, was dasselbe ist, 8341.83 Mark.

Mark x	500 Halbimperiale (alte)
166.7028	1 kg Feingold
$^1/_2$	1390.608 M. (s. S. 36)

Für 500 Eagles erhält man M. 20 923.04.

Mark x	500 Eagles
66.463	1 kg Feingold
$^1/_2$	1390.608 M.

Für 500 20 Frankenstücke erhält man M. 8074.48.

Für 500 10 holl. Guldenstücke erhält man M. 8410.596.

Für 500 schwedische oder dänische 20 Kronenstücke erhält man M. 11 214.58.

Für 500 20 Kronenstücke österr. oder ung. Gepräges erhält man M. 8474.439.

b) Vergleichung zwischen den Prägungsergebnissen und den Ankaufssätzen.

Bei Einlieferung an die Deutsche Reichsbank zu den tarifmässig festgestellten Sätzen erhält die Partei:

Für 500 Imperialen M. 8340.28.

Berechnung: Die Bank vergütet für das Pfund Imperialen 1275.76^8.

(Sie nimmt dabei diese Münzsorte mit $916^1/_3$ fein an; denn 1392 × —.9165 = 1275.768.)

500 Imperialen wiegen gesetzlich . . .	6.544 Pfd.
das Mindergewicht mit 1 ‰ angenommen	0.006^{544} „
Es wiegen daher im Verkehre 500 Imperialen	6.537^{456} Pfd.

Da das Pfund mit 1275.768 M. seitens der Bank bezahlt wird, erhält man für 500 alte Imperialen	M. 8340.28
dagegen bei Umprägung, wie früher festgestellt wurde	M. 8341.83

[Der bei der Umprägung entstehende Zinsenverlust ist jedoch ungleich grösser, als diese ziffernmässig sich ergebende Differenz; weshalb, wie schon erwähnt wurde, die Einlieferungen an die Bank die Regel bilden.]

Für 500 Eagles M. 20 923.14.

Berechnung: Die Bank vergütet für das Pfund Eagles M. 1252.80.

(Sie nimmt daher diese Münzsorte mit voll 900/1000 an; denn 1392 × 0.9 = 1252.80.)

500 Eagles wiegen gesetzlich	16.7178 Pfd.
das Mindergewicht mit 1 ‰ angenommen	—.0167 „
Es wiegen daher im Verkehre 500 Eagles	16.7011 Pfd.
Da das Pfund mit M. 1252.80 seitens der Bank bezahlt wird, erhält man für 500 Eagles	M. 20 923.14
dagegen bei Umprägung, wie früher festgestellt wurde	M. 20 923.04

[In diesem Falle zahlt die Reichsbank sogar um eine Kleinigkeit mehr, als man durch Umprägung erzielt; zudem werden noch die Zinsen erspart.]

Für 500 Napoleonsd'or M. 8070.06.

Berechnung: Die Bank vergütet für das Pfund 20 Frankenstücke M. 1252.10[4].

500 20 Frankenstücke wiegen gesetzlich . .	6.4516 Pfd.
das Mindergewicht mit 1 ‰ angenommen .	0.0064 „
Es wiegen daher 500 Napoleonsd'or . . .	6.4452 Pfd.
Da das Pfund seitens der Bank mit M. 1252.104 bezahlt wird, erhält man für 500 Napoleonsd'or	M. 8070.06
dagegen durch Umprägung, wie früher angegeben wurde	M. 8074.48

Für 500 10 holl. Guldenstücke (Gold-Willems) M. 8409.62.

Berechnung: Die Bank vergütet für 1 Pfund M. 1252.66[08].

500 Gold-Willems wiegen gesetzlich . . .	6.7201 Pfd.
Das Mindergewicht mit 1 ‰ angenommen .	0.0067 „
Es wiegen daher 500 10 Guldenstücke . .	6.7134 Pfd.
Da das Pfund seitens der Bank mit M. 1252.66[08] bezahlt wird, erhält man für 500 10 Guldenstücke	M. 8409.62
dagegen durch Umprägung, wie an früherer Stelle angegeben wurde	M. 8410.59[6]

Für 500 dänische oder schwedische Kronen M. 11 208.46.

Berechnung: Die Bank vergütet für 1 Pfund M. 1252.10[4].

500 dänische oder schwedische Kronen wiegen gesetzlich	8.9606 Pfd.
das Mindergewicht mit 1 ‰ angenommen .	0.0089 „
Es wiegen daher 500 schwedische Kronen .	8.9517 Pfd.

Da das Pfund seitens der Bank mit M. 1252.10^{4} bezahlt wird, erhält man für 500 skand. Kronen	M. 11 208.46
dagegen durch Umprägung	M. 11 214.58

Für 500 Dukaten M. 4780.59.

Berechnung: Die Bank-Hauptstelle zu Leipzig vergütet für 1 Pfund Dukaten M. 1370.77^{2}.

500 Dukaten wiegen gesetzlich	3.491 Pfd.
das Mindergewicht mit 1 ‰ angenommen .	0.0035 „
Es wiegen daher 500 Dukaten	3.4875 Pfd.
Da das Pfund seitens der Bank mit M. 1370.77^{2} bezahlt wird, erhält man für 500 Pfund .	M. 4780.59
dagegen durch Umprägung	M. 4786.567

Die Banktarifsätze der wichtigsten Goldimport- und Exportstaaten.

1. Holland.

§ 18. Holland besitzt seit 1877 die Goldwährung und berechnet die Edelmetalle nach Kilogrammen des Feingehaltes.

1 kg Feingold ($^{1000}/_{1000}$) ist mit hollfl. 1653.44 tarifiert.

Es werden aus demselben:

165.34 holl. Zehnguldenstücke
330.68 „ Fünfguldenstücke

geprägt. (Die Prägung der Fünfguldenstücke ist bis auf weiteres eingestellt.)

Ein holl. 10 fl. Stück enthält somit 6.048 g Feingold, und da es einen Feingehalt von 0.9 besitzt, so wiegt ein holl. Zehnguldenstück 6.72 g.

Ferner werden geprägt:

Holl. Dukaten und doppelte Dukaten (zumeist für Niederländ.-Ostindien);

1000 holl. Dukaten wiegen kg 3,4904 rauh. (Feinheit $^{983}/_{1000}$.)

Fester Goldwert eines Dukatens:

hollfl. x	1 Dukaten
1000	3490.4 g Gewicht
1000	983 g Feinheit
1000	1653.44 hfl.
	= 5.65 hollfl.

Prägung für Privatpersonen.

Wenn die holländische Münze, die sich in Utrecht befindet, nicht mit der Ausprägung von Goldmünzen für Rechnung des Staates beschäftigt ist, übernimmt sie auch Bestellungen zur Goldausprägung für Privatpersonen.

Sie berechnet in diesem Falle für das Kilogramm Rauhgold ($^9/_{10}$ f. Gold) 5 fl. [oder für das Kilogramm Feingold $5^1/_2$ fl.].

Aus der Praxis der Goldarbitrage.

Es ist vorteilhafter, das Gold an die Niederländische Bank (zum unten bezeichneten Tarifsatze) zu verkaufen, als sich durch die Münzstätte in Utrecht Stücke ausprägen zu lassen, da die von der Bank eingelieferten Goldmengen seitens der Münzstätte in erster Linie zur Ausprägung gelangen.

Dadurch schützt sich der Goldimporteur vor einem Zinsenverlust von ca. $^1/_2$% und die aufzuwendenden Spesen beschränken sich — wenn von Versendungskosten abgesehen wird — auf $3^1/_3$‰ Prägungskosten. [fl. 5.44 per hfl. 1653.44.]

Tarif der Niederländischen Bank.

Die Niederländische Bank kauft bis auf weiteres:

Barrengold zu 1648 hfl. für das Kilogramm fein.

	hfl.	1653.44
— Prägegebühr	„	5.44
	hfl.	1648.—

Die Niederländische Bank berechnet keine Untersuchungsgebühr bei Barren, welche den Schmelzstempel von:

N. M. Rothschild & sons, London. — Johnson Matthey & Co., London. — Morin, Paris. — Boê, Paris. — J. Allard, Brüssel. — Norddeutsche Affinerie, Hamburg oder United States Government Essay Office

tragen.

Deutsche 20 Reichsmarkstücke zu 1650 hfl. für das Kilogramm Feingold.

Berechnungsbeispiel:

Es liefert jemand an die Niederländische Bank 1500 alte (durch längeren Umlauf stark abgenutzte) 20 Markstücke, welche lt. Abwage ein Rauhgewicht von 11 918 g besitzen, behufs Abnahme lt. Tarif.

Die Niederländische Bank vergütet hierfür hfl. 17 688.39 unter nachfolgender Berechnung:

11 918 g Rauhgold 0.8995 fein
= Feingold 10 720.241 g
à 1650 = hfl. 17 688.39

Nachfolgende Feinheitsgrade sind dem Tarifsatz der Niederl. Bank zu Grunde gelegt:

(0.8995)	Napoleonsd'or (20 Frankenstücke); für das Kilogramm Feingold	1650 hfl.
(0.9165)	Sovereigns; für das Kilogramm Feingold	1648 „
(0.916)	Alte und neue Imperialen; für das Kilogramm Feingold	1648 „

Zu gewissen Zeiten verkauft die Niederländische Bank Gold zum festen Satze von 1659 fl. p. kg Feingold.

Transportspesen und sonstige Import- bez. Exportkosten (für Goldbarren und Münzen; jedoch exkl. der Differenz zwischen dem Pari und dem Banksatze).

Berlin-Amsterdam oder Amsterdam-Berlin	$1^1/_2$ ‰
London-Amsterdam oder Amsterdam-London	$1^1/_2$ ‰
Paris-Amsterdam oder Amsterdam-Paris	$1^5/_8$ ‰
New York-Amsterdam oder Amsterdam-New York	$4^1/_2$ ‰
Petersburg-Amsterdam oder Amsterdam-Petersburg	4 ‰
Petersburg-Eydtkuhnen	{ 1 ‰
Eydtkuhnen-Amsterdam	{ 3 ‰

Goldpunkte.

1. Import-Goldpunkt. (⊙ Point.)

Münzparität:

100 M. ⊙ in hfl. ⊙	hfl.	59.263

$$\begin{array}{r|l} \text{hfl. x} & \text{100 M.} \\ 2790 & \text{1653.44 hfl.} \end{array} \Big\} = 59.263$$

ab Provision für den Ankauf $^1/_2$ ‰	„	—.029
ab Porto für 100 M. ⊙	„	—.029
Zinsenverlust 5 Tage 4 %	„	—.033
Verpackung und kl. Spesen	„	—.015
Verlust durch den Verkauf an die Niederl. Bank, deren Ankaufspreis unter Abschlag der Prägungskosten 1648 beträgt, während die Ausmünzung 1653.44 ergiebt = 3 ‰	„	—.178
Goldpunkt für Barrenimport aus Berlin	hfl.	58.979

Der Goldpunkt (Goldpoint) giebt an, bis zu welcher Preisgrenze es sich für den Bankier in Amsterdam rentiert, aus Berlin Goldbarren zu beziehen. Steht also der Kurs der Devise Berlin in Amsterdam unter hfl. 58.979, so rentiert der Goldimport; ist die Devise teurer, rentiert derselbe nicht.

2. Export-Goldpunkt.

Münzparität:

100 M. ⊙ in hfl. ⊙ = ...		hfl. 59.263
dazu: Provision 0.029	Porto für 100 M. ⊙ 0.029	
Zinsenverlust 0.033	Verpackung u. kl. Spesen 0.015	
Prägungskosten u. Verlust (Differenz wie oben) ebenfalls mit 0.178 angenommen		„ —.284
Goldpunkt für Barrenexport nach Berlin		hfl. 59.547

Der Goldpunkt giebt an, von welcher Preisgrenze ab es sich für den Bankier in Amsterdam rentiert, nach Berlin Gold zu exportieren.

Steht der Kurs der Devise Berlin in Amsterdam über hfl. 59.547, so rentiert der Goldexport; ist dagegen die Devise billiger, rentiert derselbe nicht.

2. England.

§ 19. Für das vereinigte Königreich besteht nur in London eine Münzstätte.

Privatmünzämter und Affinieranstalten bestehen in London, Birmingham und Glasgow.

Die Privatmünzstätte von Ralph Heaton & Son, Birmingham, und Johnson Matthey & Co., London, geniessen hervorragenden Ruf.

Die Münzstätte in London berechnet weder Münz- noch Prägungskosten.

Dagegen entsteht durch das Umprägen ein nennenswerter Zinsenverlust.

Die Bank von England kauft Gold per Unze Standard*) (d. i. 31.1035 g 916⅔ Tausendstel fein) zum Preise von 3 £, 17 sh., 9 Pence.

(D. i. 3 £, 17 sh., 10½ Pence weniger 1½ Pence Zinsenverlust.)

Die Bank kauft 1 kg Gold in der Feinheit 916⅔ Tausendstel zum Preise von £ 124, 19 sh., 8 Pence.

Barrengold: Die Bedingungen der Bank für den Ankauf von Gold in Barren sind:

Das Gold muss durch die Affinerie der Bank in Barren von höchstens 204 Unzen oder 6⅓ kg gegossen werden, wofür ¼ d per Unze berechnet wird.

---

*) Es werden 1869 £ aus 40 Troypfund 916⅔ Tausendstel feinem Golde geprägt; sohin stellt sich eine Unze auf 3 £, 17 sh., 10½ Pence.

Die Barren müssen durch den Probierer der Bank untersucht werden, wofür $4^1/_2$ sh. per Barren berechnet werden.

Beispiel.

An die Bank von England werden eingeliefert:

2 Barren

1 Barren im Gewichte von 195 Unzen; Standard.
1 „ „ „ „ 200 „ „

395 Unzen à 77 sh. 9 d.	sh.	30 711.25
ab $^1/_4$ d per Unze für das Schmelzen	„	8.23
	sh.	30 703.02
ab Probiergebühr für 2 Barren à $4^1/_2$ sh.	„	9.—
somit:	sh.	30 694.02

oder £ 1534, 14 sh.

Für Goldmünzen hat die englische Bank keinen konstanten Tarif.

In der Regel verkauft sie Münzen per Kilogramm Brutto um $^1/_2$% teuerer, als sie solche kauft.

So zahlt sie zur Zeit für 1 kg Napoleonsd'or £ 122.625 und verkauft ein solches zu £ 123.225, 1 kg Eagles 122.625 gegen 123.025; 1 kg 20 Markstücke 122.625 gegen 123.275.

Goldpunkte:

1. Import-Goldpunkt.

1 £ ⊙ in M. ⊙ . . . . M. 20.4295

M x	1 £
1869	40 Troypfund Standard
1	373.242 g Standard
24	22 fein
1000	2790 M.

Dazu Provision für den Ankauf 1‰ .	„	—.0204
Porto für 1 £ ⊙	„	—.0135
Zinsenverlust für 6 Tage (Berlin-London und Einlieferungstage)	„	—.0136
Verpackung und kl. Spesen	„	—.0025
Verlust beim Verkauf an die Bank von England $1^1/_2$ d per Unze	„	—.0325
Goldpunkt f. Barrenimport aus Berlin	M.	20.5120

Der Goldpunkt giebt an, von welcher Preisgrenze ab es sich für den Bankier in London rentiert, aus Berlin Goldbarren zu beziehen.

Steht also der Kurs der Devise Deutschland in London über M. 20.512, so ist Gold in Deutschland billiger und der Import rentiert.

In London findet die indirekte Notierung statt; 20.512 bedeutet: für 1 £ Gold erhält man M. 20.512 Wechselsumme. Ist in London die Notiz höher als der Goldpunkt, so heisst dies, dass man mehr Wechselsumme — also Gold — für 1 £ erhält und dann rentiert der Import.

2. *Export-Goldpunkt.*

Münzparität:

1 £ ⊙ in M. ⊙			M. 20.4295
ab Provision	Porto	Zinsenverlust	
0.0204	0.0135	0.0136	
Verpackung und kl. Spesen			
0.0025			
Aufgeld (in der Höhe des beim Import angenommenen Einlieferungsverlustes): 0.0325			„ —.0825
Goldpunkt f. Barrenexport n. Berlin			M. 20.3470

Der Goldpunkt giebt an, bis zu welcher Preisgrenze es für den Bankier in London rentiert, nach Berlin Gold zu exportieren.

Steht der Kurs der Devise Deutschland in London unter M. 20.347, so ist Gold in Deutschland höher bewertet, als in England, und der Export rentiert.

3. Frankreich.

§ 20. Es existiert in Frankreich nur zu Paris eine öffentliche, staatliche Münzstätte.

(Die Münze zu Bordeaux wurde 1876 aufgehoben.)

Die Münzstätte zu Paris kauft Feingold zu frs. 3437.— für das Kilogramm.

Es werden aus 1 kg Gold in der Mischung $^9/_{10}$ 3100 frs geprägt.

Die Prägekosten betragen frs. 6.70 für das Rauhkilogramm; somit werden für ein solches abzüglich der Prägungskosten frs. 3093.30 vergütet, oder was dasselbe ist, für das Kilogramm Feingold frs. 3437.—.

Dadurch hat auch die Pariser Börse den festen Preis von 3437 Franken für 1 kg Feingold festgesetzt und handelt dasselbe mit „prime“ (Aufgeld) und „perte“ (Minderwert).

Z. B.: 1 Barren wiegt kg 6.84034 und ist $916^2/_3$ Millièmes (Tausendteile) fein.

$$\frac{6.84034 \cdot 916^2/_3}{1000} = \text{kg } 6.27031 \text{ Feingold à } 3437.— \; + 4^1/_2 ‰ \text{ prime}$$

$$\begin{array}{r} 3437.— \\ +\quad 15.467 \\ \hline 3452.467 \cdot 6.27031 \\ \hline = \text{frs. } 21\,648.04. \end{array}$$

Gegen die Barren folgt die französische Münze sofort „Bons de monnaie“ auf die Bank von Frankreich, zahlbar in einigen Tagen, aus, ein Umstand, der für den Goldexport höchst wichtig ist, da in der Regel ein Rendiment beim Exporte vollständig von der raschen Einziehung des Goldwertes abhängt.

Die „Bons de monnaie“ sind an der Pariser Börse diskontierbar.

Die Münze kauft:

Sovereigns d'or zur Feinheit 0.916, d. i. für 1 kg rauh zu	frs.	3148.292
Imperialen desgl.	„	3148.292
20 Mark-Stücke zur Feinheit 0.8995, d. i. für 1 kg rauh zu	„	3091.58^{15}
Holl. 10 fl.-Stücke zur Feinheit 0.899, d. i. für 1 kg rauh zu	„	3089.86^{8}
Holl. Dukaten zur Feinheit 0.980, d. i. für 1 kg rauh zu	„	3368.26

Die Banque de France bezahlt dieselben Preise für das bei ihr eingelieferte Gold; sie verlangt aber, dass Barren ein Mindestgewicht von 6 kg haben und wenigstens 994 fein sind.

Goldpunkt für Barrenimport aus Berlin.

1. Import-Goldpunkt.

Münzparität:

100 M. ⊙ = ⊙ frs. 123.456

x frs.	100 M.	= 123.46
2790	3444.44	

Ab	Provision für den Ankauf $\frac{1}{2}$ ‰ . .	„	—.061
„	Porto	„	—.030
„	Zinsenverlust 3 Tage 4 %	„	—.041
„	Verpackung und kleine Spesen . .	„	—.012
„	Verlust durch die Einlieferung an die Bank von Frankreich, deren Ankaufspreis 3437 beträgt, während die Ausmünzung 3444.44 ergiebt, = $2\frac{1}{6}$ ‰	„	—.267
	Goldpunkt für den Import aus Berlin	frs.	123.045

Der Goldpunkt giebt an, bis zu welcher Preisgrenze es sich für den Bankier in Paris rentiert, aus Berlin Gold kommen zu lassen.

Steht die Devise vista Berlin in Paris über 123.045, so rentiert der Import nicht mehr.

2. Export-Goldpunkt.

Münzparität:

100 M. ⊙ = ⊙	frs. 123.456
Die gesamten Kosten inkl. dem Aufgelde, ebenfalls angenommen mit	„ —.411
	frs. 123.867
Dazu 3‰ prime für das angekaufte Gold (welches zumeist nur mit Aufgeld erworben werden kann)	„ —.371
Goldpunkt für den Export nach Berlin	frs. 124.238

Der Exportpunkt giebt an, von welcher Preisgrenze ab es sich für den Bankier in Paris rentiert, nach Berlin Gold zu versenden.

Steht die Devise vista Berlin in Paris unter 124.238, so rentiert der Export nicht mehr.

4. Österreich-Ungarn.

§ 21. Das k. k. Hauptmünzamt in Wien übernimmt Gold in Barren oder Münzen zur Umprägung in 20 Kronenstücke oder in Dukaten.

Hierbei rechnet dasselbe für das Kilogramm Feingold 3280 Kronen unter Erhebung von folgenden Gebühren:

1. Probiergebühr von 2 Kronen per Barren.
2. Scheidegebühr von 4 Kronen per Kilogramm Rauhgewicht, falls der Barren unter 898‰ fein befunden wird. (Bei Barren von höherer Feinheit entfällt diese Gebühr.)
3. Prägegebühr. Die Prägegebühr beträgt für Privatpersonen 6 Kronen für das Kilogramm Feingold, für die Österr.-Ungar. Bank 4 Kronen per Kilogramm.

A) Prägungserfolg bei Einlieferung an das k. k. Hauptmünzamt zu Wien (oder an das königl. ung. Münzamt Kremnitz).

1. Beispiel.

Barreneinlieferung.

Jemand liefert an das k. k. Hauptmünzamt zu Wien zwei Goldbarren zur Einlösung gegen Landesgoldmünzen.

Barren I	4.355	kg rauh	815	fein	=	3.54932	kg fein
„ II	3.515	„ „	915	„	=	3.21622	„ „
						6.76554	kg fein

à 3280 K. = K. 22 190.95.

An Gebühren hat der Einlieferer zu bezahlen:

a) Scheidekosten auf den Barren I, weil derselbe unter 898 ‰ fein befunden ist, 4 Kronen per kg rauh	K. 17.42
b) Probiergebühr à 2 K. per Barren . .	„ 4.—
c) Prägegebühr à 6 K. für 1 kg Feingold	„ 40.60
	K. 62.02

Es werden daher als Gegenwert für die 2 Barren ausgefolgt:

St. 1106 à 20 Kronen	K. 22 120.—
Andere Landes- und Scheidemünzen .	„ 8.93
Zusammen:	K. 22 128.93

Münzeneinlieferung.

§ 22. Das Münzamt zu Wien übernimmt grössere Partien von Goldmünzen der gleichen Gattung gegen feste Tarifpreise.

Dagegen werden Goldstücke verschiedener Art, sowie Münzen, die im Tarife nicht enthalten sind, in Gegenwart des Einlieferers (ohne Anrechnung einer speziellen Gebühr) eingeschmolzen und der Feingehalt des Metalles festgestellt.

Tarif für die al marko-Annahme von Goldmünzen zur Ausprägung in 20 Kronenstücke.

	Feingehalt	Kronen p. kg
Deutsche Reichsgoldmünzen . .	899.8	2945.945
Sovereignsd'or	916.5	3000.621
20 Frankenstücke (exkl. solcher in griech. u. päpstl. Prägung) . .	899.5	2944.963
Holländ. 10 Guldenstücke . . .	899.9	2946.2726
Alphonsos v. J. 1881 (exkl. Alphonsos XIII.)	897.5	2938.415
Dukaten (österr. u. ungar. Gepräges)	986.1	3228.492

Erläuterung der Tarifziffern.

Aus 1 kg Feingold werden 3280 Kronen geprägt. Deutsche Reichsgoldmünzen werden zu 899.8 Tausendteilen fein angenommen; daher 1 kg in 20 Markstücken

= K. 3274 × 0.8998 = K. 2945.945.

{ „ 3280
— „ 6 Prägegebühr }

Gebühren. Die Einlieferer erhalten für die festgestellte Goldmenge zu den angegebenen Tarifsätzen Landesgoldmünzen, haben dagegen nachfolgende Gebühren zu entrichten:

1. Kalo (Schmutzabgang) $^1/_{10}$ ‰ des Tarifwertes.
2. Scheidegebühr 4 K. per kg rauh, wenn die Münzen laut Tarif unter 898 ‰ fein anzunehmen sind.

2. Beispiel.

Jemand liefert dem k. k. Hauptmünzamte in Wien zur al marko-Aufnahme:

1. St. 500 20 Markstücke
2. „ 500 20 Frankenstücke
3. „ 125 Alphonsos v. 1881
4. „ 250 Holländ. 10 fl.-Stücke

Gewichtsfeststellung		Tarifwert		
1.	3.9745 rauh	à 2945.945	. . . K.	11 708.66
2.	3.2198 „	„ 2944.963	. . . „	9 482.19
3.	1.0069 „	„ 2938.415	. . . „	2 958.70
4.	1.6772 „	„ 2946.2726	. . . „	4 941.49
			K.	29 091.04

Gebühren:

$^1/_{10}$ ‰ Kalo von K. 29 091.04 = K. 2.91
Scheidegebühr auf Alphonsos, welche unter 898 fein angenommen sind, à 4 K. per Kilogramm rauh . . .. 4.02 „ 6.93

K. 29 084.11

Dagegen werden erfolgt:

St. 1454 à 20 K.	K.	29 080.—
Andere Landes- und Scheidemünzen .	„	4.11
	K.	29 084.11

B) Einlieferung von Barren und Münzen an die Österr.-Ungar. Bank.

§ 23. Durch das Gesetz vom 2. August 1892 wurde die Österr.-Ungar. Bank zur Einlösung von Goldbarren gegen Banknoten bezw. gegen Gold verpflichtet.

Goldbarren müssen ein Gewicht von mindestens $2^1/_2$ kg per Stück haben und dürfen nicht unter 898 ‰ fein sein.

Bei Barren, welche nicht mit einem Probierschein des k. k. Hauptmünzamtes in Wien oder des kgl. ungar. Münzamtes in Kremnitz belegt sind, ist eine Probiergebühr von 2 K. p. Barren zu entrichten.

Tarif für ausländische Goldmünzen und inländische Handelsmünzen.

	p. Rauhkilogramm
Deutsche Reichsgoldmünzen	K. 2947.45
Sovereignsd'or	„ 3002.1538

Russische neue Halbimperialen . .	K.	2947.45
Goldmünzen der Frankenwährung . .	„	2946.4673
Österr. u. ungar. Dukaten	„	3230.1406
Alphonsos v. 1881 (exkl. Alphonso XIII.)	„	2935.916

Goldimport-Arbitragen in praktischer Durchführung.

1. Beispiel.

§ 24. Berlin bezieht aus Paris:

5000 20 Frankenstücke = frs. 100 000.

Der Betrag wird a vista belastet und zwar zu dem jeweilig festgesetzten Kontokorrent-Zinsfusse, welchen wir im vorliegenden Beispiele à 4% (derzeitiger Bankdiskont von Paris 3%; Kontokorrentspannung 1% ±) annehmen.

Berlin kauft nun mittels Prämie auf 3 Monate die Deckung für die Schuld an das Pariser Haus à 80.70, d. h. der Berliner Arbitrageur wird von demjenigen, der das Geschäft an der Börse mit ihm abschloss, in 3 Monaten ein vista-Papier auf Paris zu 80.70 abzunehmen haben.

(Jetziger Kurs für a vista Paris 80.60; + 10 c. Prämie = 80.70.)

Das Pariser Haus belastet nunmehr den Berliner Arbitrageur für St. 5000 20 Frankenstücke mit	frs.	100 000.—
Es erwachsen, da Berlin erst ¼ Jahr später deckt, Kontokorrentzinsen ¼ Jahr 4% = 1 Kapitalprozent .	„	1 000.—
	frs.	101 000.—
Für Provision belastet der Pariser Kommissionär den Berliner Arbitrageur mit	„	50.—
Somit in Summa mit	frs.	101 050.—
Diese Schuld deckt Berlin am Fälligkeitstage zu dem 3 Monate vorher sichergestellten Kurse von 80.70 . .	M.	81 547.35
Die Fracht- und Goldbezugsspesen betrugen ca.	„	75.—
Gesamtausgabe für das aus Paris bezogene Gold	M.	81 622.35

Die Deutsche Reichsbank bezahlt für ½ kg 20 Frankenstücke M. 1252.104. Nun sollen 5000 20 Frankenstücke gesetzlich 32 258.065 g wiegen;

durch Umlauf sind sie jedoch — so wird in diesem Beispiele angenommen — auf 32 201.255 g im Gewichte reduziert.

Die Deutsche Reichsbank bezahlt daher für die eingelieferte Menge:

$$\frac{32\,201.255 \times 2504.208}{1000} = \text{M. } 80\,638.60$$

Der Berliner Arbitrageur verwendet nun das Geld bis zum Tage des Ankaufes der durch die Prämie gesicherten Deckungsdevise — also etwa während 86 Tage — im Eskomptegeschäft und erhält $5^1/_2$% Zinsen	„	1 059.60
Erlös für das Gold	M.	81 698.20

Gewinn an dem Goldimportgeschäfte (bei gleichzeitiger Verwendung des Geldes im Eskomptegeschäft): M. 75.85.

Anmerkung: Der Gewinn wäre im vorliegenden Falle allerdings grösser, wenn der Bankier, anstatt einen Goldimport durchzuführen, auf Paris a vista ziehen und die Appoints mit Report 10 Pf. p. 3 Monate begeben würde.

2. Beispiel.

Wien bezieht von London 5000 Sovereignsd'or und bezahlt die Schuld mit vista London, welches am Berechnungstage an der Börse à 238.20 (10 £ = 238.20 K.) notiert ist.

Für bezogene 5000 Sovereignsd'or schuldet Wien am Tage der Absendung des Goldes £ 5000.—.

Für den Bezug der Münzen zahlt Wien an Fracht, Emballage etc. K. 246.—, die Provision mit 1‰ angenommen — also mit 5 £ — und den Zinsenverlust mit 4% für 6 Tage.

Es ergiebt dies nachfolgende Import-Kalkulation:

5000 Sovereignsd'or aus London . .	£	5000.—
6 Tage 4% Zinsen	„	3.333
	£	5003.333
Provision in London	„	5.—
	£	5008.333
Deckungskurs 238.20	K.	119 298.49
+ Spesen: Fracht, Emballage, Stempel, Briefporto u. Depeschenkosten	„	246.—
	K.	119 544.49

Bei Ablieferung an die Österr.-Ungar. Bank erhält man für 5000 Sovereignsd'or, welche gesetzlich 39.945 kg wiegen sollen, jedoch im vorliegenden Falle bloss 39.842 kg wiegen, per Rauhkilogramm laut Tarif 3002.1538, sohin für das eingelieferte Gold:

K. 119 611.81.

Gewinn am Goldimport: K. 67.32.

Erhöht sich der Kurs der Devise London über 238.20, so rentiert der Goldbezug nicht mehr.

A) Direkte Ausgleichs-Arbitrage in Goldmünzen.

§ 25. Ein Berliner Arbitrageur schuldet an einen Wiener Kommissionär K. 100 000.— und will diese Schuld dadurch begleichen, dass er Goldmünzen nach Wien sendet und den Kommissionär beauftragt, dieselben an die Öst.-Ung. Bank zum Tarifsatze zu liefern oder an der Börse zum Marktpreise zu begeben.

Kurse:

In Wien:	Napoleonsd'or	19.34,	Sovereignsd'or	24.26.
In Berlin:	„	16.34,	„	20.47.

Einlieferungssatz der Öst.-Ung. Bank für 1 kg Napoleonsd'or K. 2946.4673, für 1 kg Sovereignsd'or K. 3002.1538.

1. Ankauf von Napoleonsd'or in Berlin und Verkauf derselben an der Wiener Börse.

100 000 × 16.34 : 19.34 =	M. 84 488.10
+ Spesen	„ 119.50
Fracht, Emballage, Briefporto u. Depeschenspesen; ca. 5300 Napoleonsd'or = M. 35.—	M. 84 607.60
doppelte Kurtage „ 84.50	
M. 119.50	

2. Ankauf von Sovereignsd'or in Berlin und Verkauf derselben an der Wiener Börse.

100 000 × 20.47 : 24.26 =	M. 84 377.57
+ Spesen	„ 119.40
Fracht, Emballage, Briefporto u. Depeschenspesen; ca. 4100 Sovereignsd'or = M. 35.—	M. 84 496.97
doppelte Kurtage „ 84.40	
M. 119.40	

3. Ankauf von Napoleonsd'or in Berlin und Lieferung derselben an die Österr.-Ung. Bank.

K. 100 000 : 2946.4673 = 33.938949 kg.
Gewicht von 500 Napoleonsd'or
3220 g; daher 10.54004 × 500 = 5270.02 Napoleonsd'or.

Ankauf von 5270.02 Napoleonsd'or à 16.34 =

	M. 86 112.13
+ Spesen	„ 78.10
Fracht, Emballage, Briefporto u. Depeschenspesen; 5270 Napoleonsd'or = M. 35.—	M. 86 190.23
Kurtage „ 43.10	
M. 78.10	

4. Ankauf von Sovereignsd'or in Berlin und Lieferung derselben an die Österr.-Ung. Bank.

K. 100 000 : 3002.1538 = 33.309419 kg.
Gewicht von 500 Sovereignsd'or
3987 g; daher 8.354506 × 500 = 4177.253 Sovereignsd'or.

Ankauf von 4177.253 Sovereignsd'or à 20.47 =

	M. 85 508.37
+ Spesen	„ 77.75
Fracht, Emballage, Briefporto u. Depeschenspesen; 3987 Sovereignsd'or = M. 35.—	M. 85 586.12
Kurtage „ 42.75	
M. 77.75	

Arbitrium: Der Berliner Arbitrageur wird am eigenen Platze Sovereignsd'or ankaufen und diese durch den Wiener Kommissionär verkaufen lassen.

Anmerkung: Dass die Deckung durch Lieferung an die Österr.-Ung. Bank sich teuerer stellt, geht schon daraus hervor, dass bei normalem Geldstande die Preise von Münzen im freien Marktverkehr höher sind als die festen Banksätze, so dass die Deckung einer Schuld sich ei Einlieferung an die Bank teuerer stellt. (S. Import-Goldpunkte S. 43—47.)

Abgekürztes Verfahren der Arbitrage-Praxis.

1. Berliner Kurs durch den Wiener Kurs

16.34 : 19.34 =	M. 84.488
+ Spesen (per 100 M.)	„ —.119
	M. 84.607

2.

20.47 : 24.26 =	M. 84.377
+ Spesen (per 100 M.)	„ —.119
	M. 84.496

3. Bankeinlieferungssatz für 1 kg Napoleonsd'or
K. 2946.4673
für Stück K. 18.979
weniger Spesen „ —.015
K. 18.964
im freien Verkehre K. 19.34.

Daher rentiert die Lieferung an die Bank nicht.

4. Bankeinlieferungssatz für 1 kg Sovereignsd'or
K. 3002.1538
für 1 Stück K. 23.939
weniger Spesen „ —.018
K. 23.921
im freien Verkehre K. 24.26.

Daher rentiert die Lieferung an die Bank nicht.

B) Direkte Differenz-Arbitrage in Goldmünzen.

§ 26. Napoleonsd'or sind notiert in:
Frankfurt a. M. 16.22;
Berlin 16.20;
Hamburg 16.23;
Wien 19.05; Deckungskurs 117.70;
London 76.2; Deckungskurs 20.53.

Wo soll Frankfurt a. M. Napoleonsd'or kaufen und wo soll es solche verkaufen?

Bezugs- oder Versendungsspesen p. Stück; inkl. Kurtage

Frankfurt a. M.-Berlin	M.	—.018
Frankfurt a. M.-Hamburg	„	—.021
Frankfurt a. M.-Wien	„	—.021
Frankfurt a. M.-London	„	—.029

1. In Frankfurt a. M. . . . . . . M. 16.22

2. Bezug aus Berlin M. 16.20
+ Spesen „ —.018 „ 16.218

3. Bezug aus Hamburg M. 16.23
+ Spesen „ —.021 „ 16.251

4. Bezug aus Wien K. 19.05
19.05 × 100 : 117.70 = M. 16.186
+ Spesen „ —.021 „ 16.207

5. Bezug aus London 76/2 (76 sh. 2 d.)

x M. bar	1 Napoleonsd'or
1000	207.2 oz rauh
1	914 d (76 sh. 2 d.)
240	20.53

= 16.198

M. 16.198
+ Spesen „ —.029 „ 16.227

Arbitrium: Bezug aus Wien per Stück zu K. 19.05 (Deckung 117.70) = M. 16.207 Bezugspreis und Begebung in Frankfurt a. M. zu M. 16.22.

(In Hamburg stehen zwar Napoleonsd'or 16.23; es müssen aber die Spesen —.021 vom Begebungserlöse abgerechnet werden, wonach 16.209 verbleiben.)

3. Die Effekten-Arbitrage.

Allgemeines über die Effekten-Arbitrage.

§ 27. Die Effekten-Arbitrage, welche sich ebenso wie die bisher dargestellten Arten der Arbitrage mit der Untersuchung des geeignetsten Objektes zur Deckung einer Schuld oder Einziehung einer Forderung (Ausgleichs-Arbitrage), sowie mit der gewinnbringenden Ausnützung der Kursunterschiede (Differenz-Arbitrage) befasst, ist in neuester Zeit infolge der zahlreichen Massnahmen, welche die ungesunde Spekulation treffen sollten, in Wirklichkeit aber das gesamte Börsengeschäft nachteilig beeinflusst haben, von ihrer ehemaligen Bedeutung herabgedrängt und in ganz neue Bahnen geleitet worden.

Die Institution des Fernsprechverkehrs im Vereine mit den staatlicherseits geschaffenen Umsatzbesteuerungen haben zur Folge gehabt, dass der Arbitrageur vom gewöhnlichen Wege des Kaufes an einem Platze und Verkaufes an dem anderen abgegangen ist und in Kombinationen von Effekten- mit Devisen-, Diskont- und Report-Arbitragen seinen Vorteil sucht.

Dass dadurch die diesen Geschäften zu Grunde liegenden Berechnungen wesentlich komplizierter geworden sind, als die einstmaligen Arbitragerechnungen waren, braucht wohl nicht besonders begründet zu werden.

Der Standpunkt des modernen Arbitrageurs ist ein umso schwieriger, als derselbe an der Börse vor dem Fernsprechapparate im Augenblicke seine Kalkulationen vollendet haben muss, widrigenfalls das Geschäft nicht zustande kommt.

Auch bei der Effekten-Arbitrage unterscheidet man zwischen der direkten Arbitrage, wenn nur zwischen den Kursen zweier Plätze ein Vergleich gezogen wird (Wahl des Wertpapiers) und zwischen der indirekten Arbitrage, wenn die Kurse ein und desselben Wertpapiers auf verschiedenen Plätzen verglichen werden (Wahl des Ortes).

A) Effekten-Ausgleichs-Arbitrage.

a) Direkte Effekten-Ausgleichs-Arbitrage.

§ 28. Will der Arbitrageur untersuchen, mittels welcher Wertpapiere er eine Schuld im Auslande vorteilhaft deckt, oder ein Guthaben geeignet einzieht, so berechnet er, wieviel Einheiten der inländischen Währung gleich sind mit 100 Einheiten des Fremdplatzes unter Benutzung eines bestimmten Wertpapieres als Zahlmittel oder als Verkaufsobjekt.

Ein Beispiel soll das Gesagte veranschaulichen:

Beispiel (ohne Berücksichtigung von Spesensätzen).

Berlin will am 31. Juli in Wien eine Schuld durch Effekten decken.

Welches Papier eignet sich hierzu am besten bei nachfolgenden Kursen?

	In Berlin:	In Wien:
1. Papierrente	96.90	97.60
2. Ung. Goldrente	96.50	115.85
3. Kreditaktien	217.30	699.—
4. Südbahnaktien (Lombarden) .	28.—	130.—
5. Buschtiehrader Aktien, Lit. B	282.75	1144.—

1. Deckung durch Übersendung von Papierrente.

In Berlin:

K. 96.90 (96.90 K. für 100 K. des Nennwertes der Papierrente)
+ 90/4.2% „ 1.05 Zinsen (Nennwert 100 $\times$ 90 : 9000 = K. 1.—
+ $^1/_{20}$ = „ —.05)
K. 97.95 $\times$ 0.85 (feste Umrechnungszahl in Berlin) = M. 83.26

(In Berlin notiert Papierrente prozentuell im Nennwerte des Papiers; sohin bedeutet 96.90: es werden K. 96.90 für 100 K. Papierrente bezahlt; dazu kommen die Kuponzinsen (nach obiger Berechnung). Da aber der Berliner Kommissionär nicht Kronen, sondern Mark zu bezahlen hat, muss die Kronenmenge in Mark umgewandelt werden, wozu die sogen. festen Umrechnungssätze, die am Kopfe des Kursblattes angegeben sind, benutzt werden.)

In Wien:

K. 97.60 (für 100 K. des Nennwertes)
+ 90/4.2% „ 1.05 Zinsen (s. obige Berechnung)
K. 98.65 = K. 98.65

Aufsuchung des Preises für die Deckung.

x M. bar	100 K. vista
98.65	100 K. Papierrente
100	83.26 M. bar

x = M. 84.40

Anmerkung: Zu demselben Resultate würde man gelangen, wenn man beiderseits die Zinsen unberücksichtigt liesse.

Notierung in Berlin K. 96.90 × 0.85 = M. 82.365
" " Wien K. 97.60
8236.5 : 97.6 = 84.40.

2. Deckung durch Übersendung von Ungar. Goldrente.

In Berlin:

96.50 (100 Goldgulden des Nennwertes der Ungar. Goldrente kosten 96.50 Goldgulden)
+ 30/4% —.33 (Nennwert 100 × 30 : 9000 = —.33)
96.83 × 2.025 (feste Umrechnungszahl für Ung. Goldrente)
= 196.081 M. für 100 Goldgulden (= 202½ M.) der Ungar. Goldrente.

In Wien:

115.85 (100 Goldgulden = 115.85 Goldgulden)
+ 30/4% —.33 Zinsen (s. obige Berechnung)
116.18 × 2 (1 Goldgulden = 2 K.)
= 232.36 K.

Nach der früher dargestellten Kette:

Berliner Kurs × 100 geteilt durch den Wiener Kurs
19 608.1 : 232.36 = 84.37.

Anmerkung: Zu fast demselben Resultate würde man gelangen, wenn man beiderseits die Zinsen unberücksichtigt liesse.

Notiz in Berlin:
96.50 × 2.025 (oder was dasselbe ist × 2 + 1/80)
193.—
2.41
195.41

Notiz in Wien:
115.85 × 2
= 231.70
19 541 : 231.7 = 84.34.

Regel für die Durchführung von Deckungsarbitragen in prozentuell notierenden Werten:

Kurs des Eigenplatzes mal Umrechnungssatz mal 100, geteilt durch den Kurs des Fremdplatzes.

Auf die Zinsen braucht bei den in Prozenten notierten Effekten, wenn der Zinsfuss an beiden Plätzen der gleiche ist, keine Rücksicht genommen zu werden.

3. Deckung durch Übersendung von Österr. Kreditaktien.

In Berlin:

K. 217.30 (100 K. des Nennwertes der Österr. Kreditaktien kosten 217.30 K.)

+ 210/4% „ 2.333 (Bezüglich ausländischer Dividendenpapiere, welche auf Zeit gehandelt werden, besteht dieselbe Usanz, wie bezüglich der auf Zeit gehandelten Aktien deutscher Gesellschaften (s. S. 75).

Am 31. Juli notieren Kreditaktien bereits für Ultimo-August; daher 210 Tage.

(4%-Usanzzinsfuss d. Aktien)

K. 219.633

K. 219.633 × 2.72 = M. 597.40

(Eine Aktie lautet auf $\frac{160\ \text{fl.}}{320\ \text{K.}}$; sohin 3.2 × 0.85 = 2.72.)

In Wien:

699.— (1 Stück lautend auf 320 K. [Nennwert] kostet 699 K.; bis 27./12. 1898 notierten in Wien alle Aktien für das Stück in Gulden. Hierauf wurde versuchsweise die Prozentnotierung, wie diese an den Deutschen Börsen besteht, eingeführt. Am 26./4. 1900 ging man jedoch wieder zur Stückenotierung über.)

+ 210/5% 9.33

708.33

59 740 : 708.33 = 84.34.

4. Deckung durch Übersendung von Österr. Südbahnaktien (Lombarden).

In Berlin:

28.— (100 Goldfl. des Nennwertes der Südbahnaktien kosten 28 Goldfl.)

+ 210/4% 2.333 (s. früheres Beispiel)

30.333 × 4 (200 Goldfl. = 400 M.)

M. 121.33 (Mark für das Stück samt Zinsen)

In Wien:

	K. 130.—	(Kronen für das Stück)
+ 210/5 %	„ 14.—	(Nach Wiener Usanz werden bei Aktien 5 % Rechnungszinsen zugeschlagen; Nennwert 480 K. (500 frs.)
	K. 144.—	

12 133 : 144 = M. 84.26.

Abgekürztes Verfahren.

In Berlin:		In Wien:	
	28.—		130.—
+ 210/4 %	2.333 Zinsen	+ 210/4 %	14.—
	30.333		144.—

30.333 : 144 = 21.065 × 4 = M. 84.26.

5. Deckung durch Übersendung von Buschtiehrader Bahnaktien Lit. B. (An der Börse kurzweg „Busch B Aktien" benannt.)

In Berlin:		In Wien:	
	282.75		1144.—
+ 210/4 %	2.333	+ 210/5 %	5.83
	285.083 × 3.4		1149.83
	969.28		

969 28 : 1149.83 = M. 84.29[8].

Arbitrium: Die Schuld wird am billigsten durch Österr. Südbahn-Aktien gedeckt.

Berlin wird am eigenen Platze dieselben kaufen und sie dem Wiener Kommissionär zur Begebung übersenden.

[Allerdings ist die Einziehung von Forderungen oder Begleichung von Schulden mittels Devisen in der Praxis ungleich häufiger in Anwendung, da die Kurse der Effekten starken Schwankungen unterliegen und die Berechnungsbasis eine weniger geeignete ist.]

b) Indirekte Effekten-Ausgleichs-Arbitrage.

§ 29. Wie bereits an früherer Stelle erläutert wurde, handelt es sich bei der indirekten Ausgleichs-Arbitrage um die Feststellung, welcher fremde Zwischenplatz zur Vermittelung bei Ausgleichung einer Schuld oder Erhebung eines Guthabens benützt werden könnte?

In der Praxis stellt man zumeist an einem einzelnen Wertpapiere die Untersuchung an.

Durch die Benützung des gewählten Zwischenplatzes werden Schuld oder Guthaben auf den neuen Platz übertragen.

Man könnte nun allerdings noch weiter untersuchen, wie nach diesem neuen Platze geeignet zu bezahlen ist oder wie von dort vorteilhaft ein Guthaben eingezogen werden könnte.

In der Regel werden jedoch solche Übertragungsschulden kurzweg mit direkter Rimesse beglichen oder solche Guthaben mit direkter Tratte eingehoben.

Beispiel (ohne Rücksicht auf Spesen):

Paris schuldet in Antwerpen frs. 100 000 und will diese Schuld durch konvertierte Türkische Konsols („konvertierte Serien-Türken") Serie C decken.

Es notieren am 14. Oktober „konvertierte Serien-Türken" (Türkische 1 % konvertierte Anleihe, Serien C und D*) in:

Paris: 23.90 (£ für 100 £, inkl. Zinsen)

Antwerpen: 23.80 (£ für 100 £, mit separater Vergütung der Zinsen; 1 % v. 1./14. März u. 1./14. Sept. = 0.08 1/3 % p. Monat)

London: 23 3/4 (£ für 100 £, inkl. Zinsen)
Deckungskurs: London in Paris 25.26 vue

Konstantinopel: 25 (Piaster für 1 £; 1 £ vista London 105 3/8 Piaster)
Deckungskurs: 1 £ 3 mtl. 25.—; 1 £ vista = 25.26

Amsterdam: 23 5/16 (£ für 100 £, mit separater Vergütung der Zinsen; 1 % v. 1./14. März u. 1./14. Sept. = 0.08 1/3 % p. Monat)
Deckungskurs: Amsterdam in Paris 3 Mte.; 4 % 210.75

Wien: 23.90 (10 £ = 240 K.; Notiz für 100 K.; das Papier wird in Wien ohne Zinsvergütung gehandelt)
Deckungskurs: Wien in Paris 103.25 3 Mte. 4 %.

In Paris (direkter Ankauf der Wertpapiere behufs Sendung nach Antwerpen):

£ 23.90 (für 100 £ Nennwert inkl. Zinsen) à 25.— (fester Satz) = frs. 597.50.

---

*) A und B notieren wesentlich höher als C und D, da die dette publique in Konstantinopel in den erstgenannten Serien starke Amortisationskäufe vornimmt.

In Antwerpen (Verkauf):

23.80	x Franken bare Auslage	für 100 frs. Schuld in Antwerpen
+ 1 Mt. Zs. 0.083	wenn 606.62 Gutschriftssumme	für 100 £ türk. Anleihe
23.883	und wenn 100 £ türk. Anleihe	597.50 Auslage in Paris
à 25.40 (fester Satz)	= frs. 98.49.	
frs. 606.62.		

In London (Ankauf):

23.75 (£ für 100 £ inkl. Zinsen)
à 25.26
Deckungskurs
frs. 599.925.

In Antwerpen (Verkauf) wie oben: frs. 606.62.

Abgekürztes Verfahren (als Ersatz für den Kettenansatz):

Ankaufsbetrag in London geteilt durch Verkaufsbetrag in Antwerpen.

599 925 : 6066.2 = frs. 98.89.

In Konstantinopel (Ankauf):

25.— (Piaster für 1 £); $105\frac{3}{8}$ Piaster = 1 £ vista.
Deckungskurs: 25.26 vue (25.— 3 Mte. Pap.)

x frs. Ausgabe	100 £ Serien Türken
1	25 Piaster
$105\frac{3}{8}$	1 £ vista Papier
1	26 frs.

= 599.289.

In Antwerpen (Verkauf) wie oben: frs. 606.62.
59 928.9 : 606.62 = 98.79.

In Amsterdam (Ankauf):

$23\frac{5}{16}$ (£ für 100 £)
+ Zinsen (1 Mt.) —.083
23.396 £
(Umrechnungssatz)
1 £ = 12 hfl.
= hfl. 280.752
à 212.857
= frs. 597.65

210.75, 3 Mte., 4%
= 210.75
2.107
212.857 vista.

In Antwerpen (Verkauf) wie oben: frs. 606.62.
59 765 : 606.62 = frs. 98.52.

In Wien (Ankauf):
23.90 (Kronen für 100 Kronen; 10 £ = 240 Kronen; ohne Zinsenvergütung).
à 24.— = K. 573.60 für 100 £ Nennwert.
à 104.282 = frs. 598.16.

103.25 (frs. für 100 Kronen)
+ 1.032 (3 Mte., 4%)
104.282 frs. für 100 K. bar.

In Antwerpen (Verkauf) wie oben: frs. 606.62.
59816 : 606.62 = frs. $98.60^{1}/_{2}$.

Übersicht.

Direkte Deckung von Paris nach Antwerpen	100 frs. Schuld = frs. 98.49 Ausg.
Ankauf in London und Begebung in Antwerpen	„ = „ 98.89 „
Ankauf in Konstantinopel u. Begebung in Antwerpen	„ = „ 98.79 „
Ankauf in Amsterdam u. Begebung in Antwerpen	„ = „ 98.52 „
Ankauf in Wien und Begebung in Antwerpen	„ = „ $98.60^{1}/_{2}$ „

Arbitrium: Paris wird daher 1% türk. konvert. Anleihe am eigenen Platze kaufen und zur Begebung nach Antwerpen senden.

(Würden bei Durchführung der Arbitrage die an verschiedenen Plätzen ungleichartigen Spesensätze berücksichtigt werden, so würde das Resultat sich entsprechend ändern.)

B) Effekten - Differenz - Arbitrage.

a) Direkte Effekten-Differenz-Arbitrage.

Beispiel:

§ 31. Welches von den nachfolgend angegebenen Papieren soll Wien am 16. August in Berlin kaufen, welches verkaufen lassen?

Direkter Kurs der Deckungsrimesse für Wien ist 118.20.

1. 4.2% Papier-Rente.

Berlin: 99.30. Wien: 99.80

Parität: Kurs 99.30
+ 106 Tage/4.2% 1.236
100.536 × 0.85 (feste Umrechnungszahl 100 K. = 85 M.)
85.455 × 118.20 (Deckungskurs)
101.007
— Zinsen 106/4.2% 1.236
Parität K. 99.771

Aus Berlin bezogen stellen sich 100 Kronen der Österr. 4.2% Papier-Rente auf . . K. 99.77

In Wien notieren sie . . . . K. 99.80

Abgekürztes Verfahren:

Berliner Kurs 99.30
+ ½% —.49
= K. 99.79

(Die Differenz beträgt 2 Heller. Dieselbe rührt daher, dass nicht 0.50%, sondern bloss 0.47% zuzuschlagen wären. Diese kleine Differenz spielt selbstverständlich in der praktischen Börsenarbitrage keine Rolle.)

Erläuterung dieses Verfahrens.

Der festen Zahl 85 entspricht die Parität 117.64.

Würde Berlin in Wien für 100 M. 117.64 notieren, so würde der in Berlin notierte Prozentkurs dasselbe bedeuten, wie der Wiener Kurs.

Da aber der Deckungskurs höher ist, nämlich 118.20, so ergiebt sich rücksichtlich der Berliner Notiz die Notwendigkeit, einen Zuschlag von ca ½% vorzunehmen.

118.20 × 0.85 = 100.47. (+ $^{47}/_{100}$%.)

Von der Berechnung der Kuponzinsen konnte abgesehen werden, weil ½% von den jeweilig aufgelaufenen Zinsen — im vorliegenden Beispiele fl. 1.23 (K. 2.46) — zu geringfügig ist.

Regel für die Ermittelung der Parität von prozentuell notierten Papier-, Silber- und Kronengoldeffekten:

☛ Man multipliziert den Berliner Devisen-(Deckungs-) Kurs mit 0.85 und ersieht sofort aus dem sich ergebenden Produkte das jeweilige Kronenagio oder Disagio, welches man dem Effektenkurse zuschlägt oder von demselben in Abzug bringt. ☚

2. 4.2% Silber-Rente (mit Kupons 1. Januar bis 1. Juli oder 1. April bis 1. Oktober).

Berlin: 99.25. Wien: 99.80

Parität:

Kurs 99.25	118.20 × 0.85
+ ½% —.49	= 100.47
Parität 99.74	sohin ca. ½%

3. 4% Ungar. Kronen-Rente (mit Kupons 1. Juni und 1. Dezember).

Kurs	94.90	Wien: 95.25
+ ½%	—.47	
Parität	95.37	

4. 4% Österr. Gold-Rente (mit Kupons 1. April und 1. Oktober).

Kurs 98.— Wien: 116.50

+ Zinsen 136/4 1.51

99.51 × 2

M. 199.02 × 118.20

K. 235.24 : 2 (für 100 Goldfl. des Nennwertes)

= 117.62 (für 50 Goldfl. des Nennwertes)

— Zinsen 136/4 1.51

Parität = K. 116.11

Abgekürztes Verfahren:

Umrechnungskurs 118.20; daher 18.2% Agio.

Kurs von Berlin	98.—	Kuponzinsen p. Mt. 3 h von 50 Goldfl. Nom. daher Agio 18.2% für 4½ Mte. 27 h
dazu 18.2% Agio	17.83	
	115.83	
dazu 18.2% v. den Kuponzinsen	—.27	
	116.11	

Regel für die Ermittelung der Parität von prozentuell notierten Gold-Effekten (für welche das feste Umrechnungsverhältnis 1 Goldfl. = 2 Mark besteht):

☛ **Man schlägt zu dem Kurse das Goldagio zu und addiert zu der auf diese Weise ermittelten Summe das Agio der Kuponzinsen.** ☚

5. 4½% Ungar. Eisenb.-Gold-Anleihe (mit Kupons 1. Februar und 1. August).

Berlin: Kurs	101.—	Wien: 119.50.
+ 18,2%	18.38	
	119.38	Kuponzinsen p. Monat für 50 fl. = 37½ h.
+ Kuponzinsen-Agio	—.03	
	119.41	

6. 4% Ungar. Gold-Rente. 100 Goldfl. = 202.5 M.

Berlin: Kurs 96.50 — Wien: 115.85

+ Zinsen 46/4% —.511
97.011 × 2.025
M. 196.44 × 118.20
K. 232.19 : 2
K. 116.095
— Zinsen 46/4% „ —.511
Parität K. 115.58

Abgekürztes Verfahren:

Kurs 96.50
+ Agio 18.98
K. 115.48
+ Kuponagio —.10
K. 115.58

Kuponagio:
Zinsen für 1 Mt. $33^{1}/_{3}$ h
Agio hiervon 19.6%
d. i. für 1 Mt. $6^{1}/_{2}$ h

Erläuterung des abgekürzten Verfahrens.

Umrechnungskurs 118.20; dazu $^{1}/_{80}$, da das feste Verhältnis der Goldgulden zu Mark bei Ung. Goldrente 2.025 beträgt (d. i. 2 + $^{1}/_{80}$) sohin:

118.20
+ $^{1}/_{80}$ 1.47
119.67

es beträgt sonach das Agio 19.67%.

Regel für die Ermittelung der Parität von prozentuell notierten Gold-Effekten (für welche das feste Umrechnungsverhältnis 1 Goldfl. = M. 2.025 besteht):

Man addiert zu dem Berliner Devisen- (Deckungs-) Kurs ein Achtzigstel, zieht von der Summe 100 ab und hat dadurch das Agio ermittelt, welches zu dem Berliner Kurse zuzuschlagen ist. Hierauf addiert man zu dem ermittelten Betrage das Kuponagio.

7. Österr. Kredit-Aktien.

(Nennwert 320 K., in Berlin Notiz in Prozenten des Nennwertes; in Wien in Kronen für das Stück.)

Berlin: Kurs: K. 217.—
+ 240/4,
v. 100 K. „ 2.667
K. 219.667 (Zinsen berechnet bis Ende August, da Kredit-Aktien in Berlin und Wien p. ult. des Monats gehandelt werden)
× 2.72 [3.2 × 0.85]
M. 597.49

× Umrechnungskurs 118.20	K.	706.23
— 240/5 von 320 K.	„	10.67
Parität	K.	695.56 p. ult. August.

In Wien notieren Kredit-Aktien K. 697.— (für das Stück).

Abgekürztes Verfahren:

Kurs	217.— × 3.2
	= K. 694.40
dazu Kronenagio	„ 3.29
	K. 697.69
ab Kupondifferenz	„ 2.13
Parität =	K. 695.56

Erläuterung des abgekürzten Verfahrens.

Eine österr. Kredit-Aktie lautet auf einen Nennwert von K. 320.—.

Der Berliner Kurs versteht sich für 100 K. Nennwert, daher Multiplikation mit 3.2.

Beim Umrechnungskurse 118.20 beträgt das Kronenagio (s. auch S. 69) 0.47%.

118.2 × 0.85
= 100.47

daher für K. 694.40 = 6.95 × 0.47
K. 3.29

Um diesen Betrag erhöht sich der Kurswert von K. 694.40; daher K. 697.69.

Nun ist aber noch zu berücksichtigen, dass in Berlin die Kuponzinsen mit 4% berechnet werden, in Wien mit 5%; daher:

in Berlin: K. 320 4%	=	K. 12.80 p. Jahr
	=	K. 1.066 p. Mt.
in Wien: K. 320 5%	=	K. 16.— p. Jahr
	=	K. 1.333 p. Mt.

Sohin ergiebt sich eine Kupondifferenz von $26\frac{7}{10}$ Heller für den Monat, welche abzurechnen ist.

Im vorliegenden Falle 8 Mte. à $26\frac{7}{10}$ h = 2 K. 13 h.

Allgemeine Regel für die Berechnung der Parität der österr. Kredit-Aktien:

☞ **Man multipliziert den Berliner Kurs mit $3\frac{2}{10}$, addiert dazu das Kronenagio (Umrechnungskurs × 0.85 — 100) und zieht davon die Kupondifferenz mit $26\frac{7}{10}$ h. für den Monat ab.** ☜

Bei Änderung des Berliner Kurses um 5 cents (%teile) ändert sich die Wiener Parität um 16 h.

Bei Änderung des Deckungskurses um 5 cents ändert sich die Parität um $29\frac{1}{2}$ h.*)

8. Buschtiehrader Aktien Lit. B.

Kurs in Berlin:		Kupondifferenz:
	K. 283.— × 4	in Berlin K. 400 4%
	= K. 1132.—	= K. 16.— p. Jahr
Agio 0.47%	„ 5.32	= K. 1.333 p. Mt.
	K. 1137.32	in Wien K. 400 5%
— Kupondifferenz f. 8 Mte.	„ 2.67	= K. 20.— p. Jahr
Parität =	K. 1134.65	= K. 1.666 p. Mt.
		sohin ergiebt sich eine Kupondifferenz von $33\frac{1}{3}$ h für den Monat.

In Wien: K. 1135.50.

9. Öst. Staatsbahn-Aktien („Franzosen“ benannt).

Kurs in Berlin:		Kupondifferenz:
	144.90 × 4	in Berlin 200 Goldfl. (400 K.)
	K. 579.60	4% = 16.— p. Jahr
+ Agio 18.2%	„ 105.49	= K. $1.33\frac{1}{3}$ p. Mt.
	K. 685.09	in Wien K. 480.— 5%
— Kupondifferenz 8 Mte.	„ 5.33	= 24.— p. Jahr
Parität =	K. 679.76	= K. 2.— p. Mt.
		daher Kursdifferenz $66\frac{2}{3}$ h für 1 Monat.

In Wien: K. 681.75.

10. Öst. Südbahn-Aktien („Lombarden“ benannt).

Kurs in Berlin:		Kupondifferenz:
	27.10 × 4	in Berlin $\frac{500 \text{ Franken}}{200 \text{ Goldfl.}}$
	K. 108.40	(à 118.2) = K. 400.— 4%
+ Agio 18.2%	„ 19.73	= 16.— p. Jahr
	K. 128.13	= K. $1.33\frac{1}{3}$ p. Mt.
— Kupondifferenz f. 8 Mte.	„ 5.33	in Wien K. 480.— 5%
Parität =	K. 122.80	= 24.— p. Jahr
		= K. 2.— p. Mt.
		daher Kupondifferenz $66\frac{2}{3}$ h p. Monat.

In Wien: K. 121.50.

---

*) Ist der Berliner Kurs höher als 225%, so beträgt die Erhöhung 30 h.

Übersicht.

		Aus Berlin (Parität)	In Wien
1.	4.2% Papier-Rente	99.77	99.80
2.	4.2% Silber-Rente	99.74	99.80
3.	4% Ungar. Kronen-Rente . .	95.37	95.25
4.	4% Österr. Gold-Rente . .	116.11	116.50
5.	4½% Ung. Eisenb. Gold-Anleihe	119.41	119.50
6.	4% Ung. Gold-Rente . . .	115.58	115.85
7.	Kredit-Aktien	695.56	697.—
8.	Buschtiehrader Aktien Lit. B	1134.65	1135.50
9.	Öst. Staatsbahn-Aktien . . .	679.76	681.75
10.	Südbahn-Aktien	122.80	121.50

Arbitrium: Es rentiert, Öst. Südbahn-Aktien in Wien zu kaufen, in Berlin zu verkaufen, dagegen von Berlin Österr. Staatsbahn-Aktien zu beziehen und diese in Wien zu verkaufen.

Durchführung praktischer — sogenannter Telephon-Arbitragen zwischen Berlin-Wien.

§ 32. Durch den Umstand, dass Berlin Aktien prozentuell notiert, während diese in Wien seit 26./4. 1900 für das Stück gehandelt werden, bedarf es zur Feststellung der Parität entweder der Berechnung, oder der Arbitrageur bedient sich der Umrechnungs- bezw. schon berechneter Paritätstabellen, die sowohl an der Berliner- als an der Wiener Börse durch Depeschenbureaus zur Ausgabe gelangen. Zur Umrechnung der auf Kronen, Papier- oder Silbergulden lautenden Anlagewerte dagegen bedarf es solcher Tabellen nicht. Diese Berechnungen kann man mühelos im Kopfe durchführen.

Wien notiert deutsche Bankplätze 118.10, daher ist das Kronenagio

$$\frac{118.1 \times 0.85}{= 100.38\frac{1}{2}} \quad 0.38\frac{1}{2}\,\%.$$

Der Arbitrageur lässt sich aus Berlin die Kurse zurufen:

Papierrente	99.50
Er schlägt im Kopfe, da 99.50 nahezu 100 ist, 0.38½ zum Kurse . . .	—.38½
	99.88½

Folglich stellt sich Papierrente, die in Berlin heute 99.50 steht, nach Wien arbritriert auf 99.88½, wozu noch die Spesen zuzurechnen sind.

Silberrente	99.60
dazu	—.38½
Parität	99.98½

Kombinierte Börsen-Arbitrage.

(Vereinigte Devisen- und Effekten-Arbitrage.)

Beispiel.

§ 33. Differenz-Arbitrage zwischen Frankfurt a. M. und Amsterdam.

Durchführung der Arbitrage am 31. Januar.

a) Devisennotierungen.

In Frankfurt a. M.:		In Amsterdam: Frankfurt a. M.
Amsterdam . . . kurze S.*)	169.55	58.85; 5½%
Antwerpen (Brüssel) „ „	80.95	47.70; 4½%
London . . . . „ „	20.49	12.07½; 5%
Paris . . . . „ „	91.—	47.70; 3%
Wien . . . . „ „	84.60	49.80; 5½%

1. Weg der direkten Rimesse.

	M. 169.55
+ 8/5%	„ —.188
	M. 169.738

2. Weg der Tratte.

	hfl. 58.85
+ 8/5½%	„ —.072
	hfl. 58.922

10 000 : 58.922 = M. 169.72.

Deckung mit fremden Wechseln:

3. Antwerpen-Brüssel.

	M. 80.95	hfl. 47.70
+ 8/4½%	„ —.081	„ —.048
	M. 81.031	hfl. 47.748

8103.1 : 47.748 = M. 169.71.

4. London.

	M. 20.49		hfl. 12.075
+ 8/5%	„ —.022	+ 8/5%	„ —.013
	M. 20.512		hfl. 12.088

2051.2 : 12.088 = M. 169.69.

*) Kurze Sicht = 8 Tage.

5. Paris.

	M. 81.—		hfl. 47.70
+ 8/3 ‰	„ —.054	+ 8/3 ‰	„ —.032
	M. 81.054		hfl. 47.732

8105.4 : 47.732 = M. 169.81.

6. Wien.

	M. 84.55		hfl. 49.80
+ 8/5½ ‰	„ —.102	+ 8/5½ ‰	„ —.059
	M. 84.652		hfl. 49.859

8465.2 : 49.859 = M. 169.79.

Für Ankäufe in Amsterdam eignet sich die Zahlung mittels kurzer Londoner Wechsel am besten.

Spesenansätze für die Arbitrage zwischen Frankfurt a. M. und Amsterdam.

Für den Effektenankauf in Amsterdam . .	0.45 ‰
„ „ Devisenverkauf in „ . .	
„ „ Effektenverkauf in Frankfurt a. M.*)	
„ „ Devisenankauf in „ „ „ .	

Billigster Deckungskurs

mit Londoner Wechseln	M. 169.69
+ Spesen 0.45 ‰	„ —.76
Umrechnungskurs	M. 170.45

b) Effektennotierungen.

	In Frankfurt a. M.:	In Amsterdam:
3 % holländ. Anleihe . . .	91.90	91 15/16 %
4 % russische Konsols . .	99.10	94 %
4 % ungar. Goldrente . .	98.90	99 %
Berliner Handelsges.-Anteile	175.50	175 %
Berliner Bank-Aktien . .	118.70	119.75 %

Ausführung:

3 % holländ. Anleihe vom J. 1886

(hatte bis März 1896 eine 3½ %ige Verzinsung. Stücke à 100, 500, 1000, 1200, 6000 u. 12 000 hfl. Zinsen: 1. März und 1. September.

Börsenmässiger Handel: in Berlin und Frankfurt a. M.)

*) Unter Berücksichtigung der Börsensteuer mit 11/20 ‰; Deckungen Transito (s. S. 25). Die gewöhnlichen Spesen in der Effektenarbitrage sind ¼ ‰ Kurtage (Pauschalkurtage), 1 ‰ Provision, Assekuranz 10 Pf. p. 1000 M.; ausserdem kommt der Effektenstempel hinzu. Zumeist sind die Margen so klein, dass eine „mio"-Arbitrage nicht durchführbar ist und man dieselbe daher a metà macht, wodurch natürlich der grösste Teil der Spesen wegfällt.

Bezug von 100 hfl. 3% holl. Anleihe aus Amsterdam:		Begebung von 100 hfl. 3% holl. Anleihe in Frankfurt a. M.:	
	hfl. 91.9375		hfl. 91.90
+ Zinsen 5. M./3%	„ 1.25	+ Zinsen 5 M./3%	„ 1.25
	hfl. 93.1875		hfl. 93.15
(Deckungskurs) × 170.45	M. 158.83	(Umrechnungssatz) × 1.7	M. 158.35

Es stellt sich sohin die holländ. Rente aus Amsterdam um 0.30% teuerer, als aus Frankfurt a. M.

Es rentiert daher nicht, Rente aus Amsterdam zu beziehen und in Frankfurt a. M. zu begeben.

Abgekürztes Verfahren.

§ 34. Diese Rechnung lässt sich wesentlich vereinfacht ausführen.

Um dies darzustellen, wollen wir dieselbe zuerst mit Anwendung des Kettenansatzes fertigstellen und an der Hand desselben die Börsenrechnungsmethode vorführen.

Kursvergleichung auf der Basis der Prozentnotierung mit Anwendung des Kettenansatzes.

Wieviel holl. Gulden (x Prozente)	für 100 hfl. Nennwert,
wenn 100 hfl. (ohne Rücksicht auf Zinsen)	in Amsterdam 91.9375 hfl. notieren,
wenn 100 hfl. Schuld (für etwaigen Einkauf)	mit M. 170.45 durch Londoner Wechsel bezahlt werden
und wenn 17 M. in Frankfurt a. M. den festen Umrechnungssatz bilden für je	10 hfl.

$$91.9375 \times 1.7045 : 1.7 = 92.18.$$

Resultat:

Kurs in Frankfurt a. M. 91.90

Parität der Notiz in Amsterdam

(d. h. Angabe, wie viel 100 hfl. Rente aus Amsterdam bezogen und mit Londoner Wechseln bezahlt, kosten) 92.18

Differenz: Cents —.28

$$28 : 91.9 = 0.30\%$$

(s. das Resultat der früher dargestellten Stückeberechnung).

Börsenberechnungsart.

Betrachtet man die Posten des dargestellten Kettenansatzes, so sieht man links die feste Zahl 17 und rechts den ermittelten Deckungskurs 170.45.

Wäre der letztgenannte rund 170.—, so würde nach Kürzung der Kette nichts übrig bleiben, als der Kurs von Amsterdam, oder, was dasselbe bedeutet, es würde der Amsterdamer Kurs genau dasselbe ausdrücken, wie der Frankfurter Kurs, und die beiden könnten unmittelbar miteinander in Vergleich gezogen werden.

Um wieviel Prozente nun der Umrechnungs-(Deckungs-)Kurs thatsächlich höher oder niedriger ist (als 170.—), um soviel differiert die Amsterdamer Notiz gegenüber der Frankfurter und diese Differenz muss durch Zuschlag zum Amsterdamer Kurse ausgeglichen werden.

Wenden wir das Gesagte auf unser Beispiel an:

$$170.45 : 17 = 100.265$$

(d. i. 100 vermehrt um 0.265; sohin etwas mehr als $^1/_4$% Zuschlag).

Kurs in Frankfurt a. M. 91.90

Kurs in Amsterdam 91.94

+ $^1/_4$% Zuschlag

(23 c.; da der Prozentsatz jedoch 0.265 und nicht 0.25 beträgt, nehmen wir 24 c. an) . . . . —.24

Parität: 92.18

Nach dem Vorgeführten kann man die Parität mühelos im Kopfe berechnen.

Es ist noch ein Umstand hervorzuheben. Wir haben bei Feststellung der Parität auf die Kuponzinsen keinerlei Rücksicht genommen.

Nun notieren aber in Amsterdam alle Anlageeffekten und in Frankfurt a. M. die gesamten im Kursblatte verzeichneten Werte ausschliesslich der Zinsen.

Folglich würde es sich rücksichtlich dieser lediglich um die Differenz handeln, welche infolge des höheren Deckungskurses etwa entstehen könnte (also in unserem Beispiele um $^1/_4$% von den Zinsen). Da nun aber die Zinsen bei den prozentuell notierten Anlageeffekten den Meistbetrag von 3.— (d. i. 6% von 100.— für $^1/_2$ Jahr) ausmachen*) und ein Bruchteil eines Prozentsatzes von 3.— weniger als 0.01 beträgt, kann von der Bildung einer Kupondifferenz, wenn die Effekten an beiden Plätzen exkl. Zinsen notieren und der Prozentsatz beiderseits der gleiche ist, vollständig abgesehen werden.

---

*) Der längste Termin für Kuponzinsen ist $^1/_2$ Jahr; der höchste Zinsfuss 6%.

4% Russische konsolid. Anleihe.

Kurs	Rbl. 94.—
+ Zinsen 14/11 bis 31./1. 4%, 78 Tage	„ —.866
	Rbl. 94.866
× 2	hfl. 189.732
× 170.45 (Umrechnungskurs)	M. 323.40
: 406.25 für 125 Rbl.	Rbl. 99.51
— Zinsen	„ —.866
	Rbl. 98.644

Börsenrechnungsmethode:

Kurs	Rbl. 94.—
+ 4.89%	„ 4.64
	Rbl. 98.64

$\frac{2 \times 170.45}{340.9}$ $\frac{406.25 : 125}{325}$

340.9 : 325 = 1.0489

sohin Agio 4.89%.

+ Agio von 0.866 = 0.04

4.60 + 0.04

4% Ungarische Goldrente.

(Siehe Seite 52.)

Kurs	£ 99.—
+ Zinsen 30/4%	„ —.333
	£ 99.333
à 12.—	hfl. 119.20
à 170.45	M. 203.18
à 2.025	fl. 100.33
— Zinsen 30/4%	„ —.33
Parität:	fl. 100.—

Börsenrechnungsmethode.

Kurs Fixzahl

$\frac{170.45 \times 12}{2025} = 1.01\%$

£ 99.— prozentuell = £ für 100 £ oder

fl. 99.—	für 100 fl.
+ 1.01% „	1.—
fl. 100.—	

Berliner Handelsges.-Anteile.

Kurs	M. 175.— (einschl. der Zinsen)
à 60.— =	hfl. 105.—
à 170.45 =	M. 178.97
ab Zinsen 13 Mte./4%	„ 4.33
Parität:	M. 174.64

Börsenrechnungsmethode.

Kurs	M. 175.—
+ 2.27%	„ 3.9725
	M. 178.9725
— Zinsen 13 Mte./4%	„ 4.33
Parität:	M. 174.64

$\frac{0.60 \times 170.45}{= 102.27}$

sohin 2.27% Zuschlag

Berliner Bank-Aktien.

	Kurs M.	119.75 (einschliessl. d. Zinsen)
+ 2.27 %	„	2.71
	M.	122.46
— Zinsen, 13 Mte./4 %		4.33
Parität:	M.	118.13

Zusammenstellung.

	Aus Amsterdam nach Frankfurt a. M.	In Frankfurt a. M.
3 % holländ. Anleihe . . .	92.18	91.90
4 % russ. konsol. Anleihe . .	98.64	99.10
4 % ungar. Goldrente . . .	100.—	98.90
Berliner Handelsges.-Anteile .	174.64	175.50
Berliner Bank-Aktien . . .	118.13	118.70

Arbitrium: Es rentiert für Frankfurt a. M. aus Amsterdam der Bezug von:

4 % russ. Konsols mit	—.46 %
Berliner Handelsges.-Anteile mit	—.49 %
Berliner Bank-Aktien mit	—.48 %

§ 35. Betrachten wir aber einmal die Kursabstände nach anderer Richtung.

In Frankfurt a. M. stellen sich billiger als in Amsterdam:

3 % holländ. Rente
sowie 4 % ungar. Goldrente.

Es wäre ein Trugschluss, wollte man ohne weiteres auf Grund obiger Resultate annehmen, dass es rentabel sei, diese beiden Effekten in Frankfurt zu kaufen und in Amsterdam zu verkaufen, und wenn man nun untersuchen wollte, mit wieviel Prozent dieser Weg rentieren würde, da ja doch die Ziffern in der Rubrik „Aus Amsterdam nach Frankfurt a. M.“ mit Zuhilfenahme des billigsten Deckungskurses, vermehrt um die Spesensätze, gebildet wurden, während sie beim umgekehrten Wege aus dem teuersten Kurse, vermindert um die Spesensätze, zu bilden wären.

Da nun aber beim umgekehrten Wege jedenfalls Ungar. Gold-Rente besser notieren würde, als 3 % holländ. Anleihe, so beschränken wir uns darauf, die Korrektur, die durch die Anwendung des anderen Umrechnungskurses notwendig wird, bloss an dem erstgenannten Papiere vorzunehmen.

Nach den auf S. 71 ermittelten Deckungs- bezw. Einziehungskursen stellt sich der Weg zur Hereinbringung eines Guthabens durch Pariser Wechsel als der geeignetste dar.

100 holl. Gulden liefern	M. 169.81	Ertrag
ab die Kosten	„ —.76	
Reinertrag	M. 169.05	

Berechnung der Parität mit Anwendung des ermittelten Einziehungskurses.

(Kurs) (Fixzahl)

$$\frac{169.05 \times 12}{2.025} = 1.0017$$

Kurs der Ungar. Goldrente: 99.—	
+ 0.17% —.17 = Parität:	99.17
In Frankfurt a. M.	98.90
Nach Amsterdam arbitriert mit Einziehung durch Pariser Wechsel .	99.17
=	0.27 Marge (ca. 0.27%)

Arbitrium: Es rentiert daher am besten, Berliner Handelsgesellschafts-Anteile in Amsterdam zu kaufen und die entstehende Schuld mit Londoner Wechseln zu decken.

b) Indirekte Effekten-Differenz-Arbitrage.

Beispiel (ohne Berücksichtigung der Spesensätze).

§ 36. Berlin will am 31. Januar feststellen, an welcher Börse italienische Rente am geeignetsten gekauft und an welcher mit Erfolg wiederverkauft werden könnte.

Kurse am 31. Januar.

1.	In Berlin	94.15
2.	„ Frankfurt a. M.	94.10
3.	„ Hamburg	93.90
4.	„ Paris	93.50
5.	„ London	92.25
6.	„ Triest (Wien arbitriert italienische Rente über Triest)	92.80 (neue Usanz)

Ausführung:

(Erklärung: Die Stücke lauten nicht auf die Kapital-, sondern auf die 5% Rentenbeträge, und zwar auf 1000 Lire (also 20000 Lire Kapital), 500 Lire (also 10000 Lire Kapital), 50, 25, 10 und 5 Lire.

Durch das Gesetz vom 22. Juli 1894 ist bestimmt, dass von den Zinsen 20% in Abzug gebracht werden; es beträgt sohin die wirkliche Verzinsung dieser Rentengattung bloss 4%.)

1. In Berlin.

Kurs: 94.15 exkl. Zinsen:
100 frs. (Lire) = 80 M.; daher Kurs × 0.8 = M. 75.32

2. In Frankfurt a. M.

Kurs: 94.10 × 0.8 = „ 75.28

3. In Hamburg.

Kurs: 93.90 × 0.8 = „ 75.12

4. In Paris.

Kurs 93.50 (inkl. Zinsen) à 80.80 (Deckungskurs)
= M. 75.55
ab Zinsen 30 T./4% (von 80 M.) „ —.27
M. 75.28

5. In London.

Kurs: 92.25 (inkl. Zinsen). 25 frs. (Lire) = 1 £;
daher $92\frac{1}{4}$: 25 = £ 3.69 × 20.5 (Deckungskurs)
= M. 75.65
ab Zinsen 30 T./4% (von 80 M.) „ —.27
M. 75.38

6. In Triest.

Kurs 92.80 (neue Usanz; seit 1. Jan. 1900). 92.80 bedeutet: 100 Lire Nennwert kosten 92.8 Goldfranken (Goldlire) exkl. Zinsen. (Feste Umrechnungszahl 100 Lire = 96 Kronen.)

92.8 × 0.96
= K. 89.09 (exkl. Zinsen)
à 84.60 (Deckungskurs 100 K. = 84.60 M.) = 75.37.

Arbitrium: a) *Rechnerisch:* Berlin wird italienische Rente in Hamburg ankaufen und nach London zur Begebung senden lassen. — Gewinn bei 100 Lire Kapital 26 Pf.

b) *Praktisch:* Die auflaufenden Spesen, insbesondere die hohen Stempelsteuern, zehren die Marge auf. Man schafft sich daher Positionen an den betreffenden Börsen und sucht bei Gelegenheit zurückzuhandeln (s. S. 84). Man wird sich natürlich nur dort eine Hausseposition schaffen, wo das Geld zur Zeit billiger ist, als am eigenen Platze.

4. Die Arbitrage in Reports.

§ 37. Das Report-(Prolongations-)Geschäft besteht darin, dass der Käufer von Effekten dieselben, wenn er sie zum festgesetzten Termine nicht beziehen will oder sie — beispielsweise wegen Mangel an Barmitteln — nicht beziehen kann und doch auch nicht verkaufen will, „hineingiebt" (in „Prolongation", in „Kost" giebt).

Es hat z. B. Otto Hermann in Berlin, ein in das Terminregister eingetragener Händler mit Börseneffekten, anfangs Juni an der Berliner Börse M. 30 000.— (alte) Berliner Handelsgesellschafts-Anteile à 164.— per ultimo Juni gekauft in der Hoffnung, dieselben im Laufe des Monats Juni mit Erfolg begeben zu können (Hausse-Spekulation).

Nun sind aber diese Aktien im Kurse gesunken und Hermann will sie nicht mit Schaden verkaufen. Da jedoch der Termin herannaht, an dem er die Stücke zum Bezuge aufzugeben (dem Skontrierungsvereine anzumelden *) hat, sucht er einen Darlehensgeber, der sich bereit erklärt, für diesen Ultimo-Termin die Anteile gegen Barzahlung zu übernehmen, um sie am nächsten Ultimo-Termine (also ultimo Juli) entweder an Otto Hermann selbst, oder an denjenigen, der die Stücke von Hermann gekauft hat, gegen einen in der Regel etwas höheren Preis zurückzuliefern.

Die Differenz zwischen dem Übernahmskurs und dem Kurse, zu dem der Darlehnsgeber (Kostnehmer) nach einem Monat die Stücke „herausgiebt", heisst „Report".

Berechnung des Reports.

§ 38. Würde ein Papier an der Börse 100% notieren und mit 4% Verzinsung gehandelt werden, und würde der Darlehnsgeber sich mit 4% für sein Darlehen begnügen, so würde ein Report nicht berechnet werden.

Es würde der Kostnehmer zu 100% das Papier hereinnehmen und beispielsweise im nächsten Monat wieder zu 100% zurückliefern.

Da er an Kuponzinsen für den Monat 33 Pf. erhalten würde, wäre dies gleichbedeutend mit der beanspruchten 4%igen Verzinsung des Geldes.

---

*) Einreichung des Skontros z. B. am 26. Juni; Zurückempfang des Lieferungszettels z. B. am 27. Juni.

Darstellung:

Hereinnahme ult. Juni.	Zurücklieferung ult. Juli.
Kurs (Darlehen) 100.—	Kurs 100.—
+ Kuponzinsen v. 1./1.—30./6. 2.—	+ Kuponzinsen 2.33
= 102.—	= 102.33

33 Pf. für 1 Monat = p. Jahr 4 M.; also 4% vom Darlehen M. 100.—.

(Der Umstand, dass das Darlehen mit Zinsen nicht 100.—, sondern 102.— beträgt, wurde dabei nicht in Rücksicht gezogen.)

Wollte jedoch der Darlehnsgeber — weil dies so den Geldverhältnissen entsprechen würde — 6% für sein Darlehen erhalten, so müsste er bedingen, dass ihm die Stücke zu 100,167% zurückgeliefert werden.

(S. auch Tabelle Seite 81.)

Darstellung:

Hereinnahme ult. Juni.	Zurücklieferung p. ult. Juli.
Darlehen 100.—	Kurs 100.167
+ Kuponzinsen v. 1./1.—30./6. 2.—	+ Kuponzinsen v. 1./1.—31./7. 2.333
= 102.—	= 102.500

Für den Monat 50 Pf., daher für 1 Jahr 6%.

(Würde man in Rücksicht ziehen, dass das Darlehen eigentlich mit den Kuponzinsen 102.— beträgt, so würde der Zinsfuss nicht ganz 6% betragen.)

Der Kostnehmer (Darlehnsgeber) würde sohin bedingen: Hereinnahme zu 100; Zurücklieferung + Report 0.16½% = 100.16½, und würde dadurch für sein Darlehen ca. 6% erhalten.

§ 39. Ein anderes Bild entsteht jedoch dann, wenn der Prozentsatz für die zu berechnenden Rechnungs-(Kupon-) Zinsen höher ist, als der für Effektendarlehen zur Zeit bestehende Zinssatz.

Zum Beispiel: Österr. Südbahn-Aktien notieren in Berlin 27.—, d. h. 100 Mark des Nennwertes der Südbahn-Aktien werden mit 27 Mark bezahlt, dazu kommen noch die Rechnungszinsen.

Nehmen wir als Beispiel an, Otto Hermann in Berlin nimmt Ende Juni Südbahn-Aktien herein.

Das Darlehen beträgt 27.—% (Kurs)
$+$ 2.—% Zinsen von 100 M.
4% ½ Jahr

29.—% $\times$ 4 (1 Stück lautet auf 500 frs. = 400 M.)

1 Stück samt Zinsen;
ultimo Juni M. 116.—

Einen Monat später liefert er die Stücke dem Kostgeber (oder dem in der Lieferungsadresse genannten Stellvertreter des Kostgebers) zurück und zwar zu:

27% (Kurs)
$+$ 2.333 Zinsen

29.333 $\times$ 4

= M. 117.333

Es würde sohin ihm (dem Darlehnsgeber) der Unterschied von M. 1.333 für das Darlehen verbleiben.

M. 1.333 für einen Monat wäre gleichbedeutend mit M. 16.— für das Jahr.

(Darlehen M. 116.—; Ertrag M. 16.— = 13,8%.)

Dies entspricht den normalen Verzinsungsverhältnissen nicht. Der Darlehnsgeber hat daher von den Rechnungszinsen einen Teil in Form eines Deports zurückzuerstatten; soll die Verzinsung etwa 6½% betragen, so ist dies, wie aus dem Nachfolgenden hervorgeht, gleichbedeutend mit 17½ Pf. Deport.

[Rückvergütung von den 13,8%: 17½ Pf. p. Monat = M. 2.80 für 100 = M. 8.40 für 1 Stück; d. i. 7⅓%.]

Darstellung:

Hereinnahme ultimo Juni.	Rücklieferung ultimo Juli.
à 27.— (Kurs)	à 27.—
$+$ Zs. 180/4% 2.—	— Deport —.175
29.— $\times$ 4	26.825 (Kurs f. d. Rücklieferung)
Darlehen M. 116.—	$+$ Zinsen 210/4% 2.333
	29.158 $\times$ 4
	Rückerstattung M. 116.632

Dem Kostnehmer verbleibt nach Rückvergütung von 17½ Pf. Deport ein Ertrag von 63⅙ Pf. für 1 Monat; für das Darlehen von 116 Mark = 6½% für 1 Jahr.

Report-Sätze,

berechnet für Wertpapiere mit 4 % Verzinsung.

Die nachfolgende Tabelle stellt in Pfennigen den Reportsatz bei Hereinnahme zu den linksseitig angegebenen Kursen dar.
(Berechnet unter Zugrundelegung eines Nennwertes von 100 Mark für je 1 Monat.)

Kurs des Wertpapiers	$4\frac{1}{2}$ %	5 %	$5\frac{1}{2}$ %	6 %	$6\frac{1}{2}$ %	7 %	$7\frac{1}{2}$ %
80.—	$3^{33}/_{100}$ Pf. Deport	glatt	$3^{33}/_{100}$ Pf.	$6^{66}/_{100}$ Pf.	10 Pf.	$13^{33}/_{100}$ Pf.	$16^{66}/_{100}$ Pf.
90.—	glatt	$4^{16}/_{100}$ Pf.	$7^{91}/_{100}$ Pf.	$11^{66}/_{100}$ Pf.	$15^{42}/_{100}$ Pf.	$19^{16}/_{100}$ Pf.	$22^{92}/_{100}$ Pf.
100.—	$4^{16}/_{100}$ Pf. Report	$8^{33}/_{100}$ Pf.	$12^{50}/_{100}$ Pf.	$16^{66}/_{100}$ Pf.	$20^{83}/_{100}$ Pf.	25 Pf.	$29^{16}/_{100}$ Pf.
110.—	$7^{92}/_{100}$ Pf.	$12^{50}/_{100}$ Pf.	$17^{08}/_{100}$ Pf.	$21^{66}/_{100}$ Pf.	$26^{25}/_{100}$ Pf.	$30^{83}/_{100}$ Pf.	$35^{42}/_{100}$ Pf.
120.— etc.	$11^{66}/_{100}$ Pf.	$16^{66}/_{100}$ Pf.	$21^{66}/_{100}$ Pf.	$26^{66}/_{100}$ Pf.	$31^{66}/_{100}$ Pf.	$36^{66}/_{100}$ Pf.	$41^{66}/_{100}$ Pf.

Report- oder Deportzinsen können aber auch ohne Rücksicht auf den Rechnungszinsfuss, lediglich als Nachwirkung der Spekulation entstehen.

So kann in einem Papier, das keine höheren Rechnungszinsen hat, als der normale Darlehnszinsfuss beträgt, ein Deport entstehen, wenn in bedeutendem Massstabe Blankoverkäufe gemacht wurden und die Spekulanten nunmehr gezwungen sind, Stücke zu entlehnen, um ihre Engagements einzudecken.

Dann bewilligen dieselben oft ein recht hohes Leihgeld.

So ist z. B. auf *Hamburg-Amerik. Paket-Aktien* beim Kurse von 135.— ultimo Juni ein Leihgeld von —.25%.

Ultimo Juni:		Ultimo Juli:	
		Rücklieferung	135.—
Hereinnahme	135.—	— Deport	—.25
+ Zinsen	2.—		134.75
	= 137.—	+ Zinsen	2.333
			= 137.083

0.083 × 12 = 1 *Mark* p. Jahr für das Darlehen von 137.— = $^{7}/_{10}$ %.

Es erhellt auf den ersten Blick, dass niemand für $^{7}/_{10}$ % sein Geld zu verleihen beabsichtigen wird. Das Bedürfnis nach Stücken war eben im vorliegenden Falle Ende Juni gross, und der Darlehnsgeber gab das Geld nicht etwa um dasselbe geeignet zu verwenden, er nahm in Kost (gab das Darlehen), um zur Abwickelung seiner eigenen Kontremine-Engagements die Stücke zu erhalten.

(Es war an der Börse ultimo Juni in Amerik. Paket-Aktien *Stückemangel* und deshalb handelte man dieselben mit *Deport*.)

Da es nun vorkommt, dass an der einen Börse Stückemangel in gewissen Arbitragewerten besteht, die dann mit Deport gehandelt werden, und an anderen Börsen dagegen Geldmangel eintritt, pflegt man auch oft Arbitragen in der Weise einzuleiten, dass man an dem einen Börsenplatze Stücke *hereinnimmt*, die man an einem anderen *hineingeben* lässt.

Beispiele.

§ 40.

1. Report-Arbitrage in Staatsbahn-Aktien.

Hereinnahme in Berlin per ultimo September.

Kurs	138.—
+ Zinsen 90/4 %	1.—
	139.—
× 4 =	M. 556.— für 1 Stück

Bedingung: „0.25 % Report".

[Berlin.]

Hineingabe in Paris per ultimo September.

Kurs	frs. 699.—
Umrechnungskurs 81.25 =	M. 567.94

Bedingung: „glatt" (ohne Report oder Deport).

Rücklieferung in Berlin per ultimo Oktober.

Kurs	138.—
+ Report	—.25
	138.25
+ Zinsen 120/4 %	1.333
	139.583
× 4 =	M. 558.33 für 1 Stück

Gewinn durch das Reportgeschäft in Berlin M. 2.33 für 1 Monat, daher für 1 Jahr berechnet M. 28.—

Rücknahme in Paris per ultimo Oktober.

Kurs 699.—

(In Paris werden Staatsbahn-Aktien inkl. der laufenden Zinsen gehandelt.)

Umrechnungskurs 81.20*) M. 567.59

Gewinn durch das Reportgeschäft in Paris —.35 für 1 Monat; daher für 1 Jahr berechnet M. 4.20.

2. Report-Arbitrage in Lombarden (Südbahn-Aktien).

Hereinnahme in Wien ultimo November.

Kurs	K. 138.— für 1 Stück
+ Zs. 330/5 %	22.—
	160.—
à 84.30	M. 134.88

[Frankfurt a. M.]

Hineingabe in Frankfurt a. M. ultimo Nov.

Kurs 28.75 (× 4)	115.—
+ Zinsen 330/4 %	14.67
	M. 129.67

*) Deport für 1 Monat 5 Pf. für 100 Franken.

Rückgabe in Wien ultimo Dezember.

Kurs	138.—
— Deport	1.20
	136.80
+ Zinsen 360/5%	24.—
	160.80
à 84.25 =	M. 135.47

Da der Deport kleiner ist als die Differenz der laufenden Zinsen, ergiebt sich hier ein kleiner Gewinn.

Rücknahme in Frankfurt a. M. ultimo Dez.

Kurs	115.—
— Deport	1.50
	113.50
+ Zinsen 360/4%	16.—
	M. 129.50
Gewinn p. Stück	M. —.17
Gesamtgewinn	—.59
	—.17
p. Stück für 1 Mt. =	M. —.76

Infolge der hohen Spesen, welche bei solchen Geschäften auflaufen, wird aber der Gewinn oft bedeutend reduziert, und es kommt vor, dass solche Arbitragen ziffernmässig einen Nutzen abwerfen, in der Praxis aber undurchführbar sind.

Deshalb befasst sich die *Reportarbitrage* in der neuesten Zeit, in welcher durch die Stempelsteuer die Spesen so exorbitant erhöht werden, immer mehr und mehr mit dem *Hereinnehmen und Hineingeben von bereits aus der Spekulation herrührenden Posten.*

Hat ein Berliner Haus in Wien beispielsweise in Staatsbahn-Aktien mehrmals gegeben und genommen und an der Berliner Börse die Gegenoperation gemacht, und bleibt vor Ultimo-Aufgabe ein offener Saldo von in Wien zu nehmenden und in Berlin zu gebenden Stücken, so nimmt der Arbitrageur in Berlin herein und giebt in Wien Stücke in die Kost, wodurch in diesem Termin das Engagement prolongiert erscheint und sich unter Umständen sogar für ihn, wenn er auch in geeigneter Weise den Gegenwert prolongiert, ein Nutzen ergiebt.

Zusammenstellung der in der Arbitrage zu berücksichtigenden wesentlichsten Spesensätze.

A) Amsterdam.

1. Kurtagen.

a) Devisen.

Für Devisen auf London und Hamburg ³/₄ ‰ vom ausmachenden Betrage.

Für Devisen auf andere Plätze 1 ‰ vom ausmachenden Betrage.

(Häufig kommen Separatabmachungen vor, nach welchen für Devisen bloss ½ ‰ vergütet wird.)

b) Effekten.

Für Staatspapiere ¼ ‰; Österr. Bank-Aktien ¼ ‰; Eisenbahn-Aktien und -Lose ⅛ holl. Gulden für das Stück; 1860er Lose ¼ holl. Gulden für das Stück.

2. Effekten-Stempel.

Gemäss der Bestimmungen des Gesetzes beträgt der vom 1. Juli 1886 ab zu zahlende Stempel für Wertpapiere

bis	hfl.	50.—	Nennwert	. . hfl.	—.05
von	„	50—100	„	. . „	—.10
„	„	100—150	„	. . „	—.15
„	„	150—200	„	. . „	—.20

u. s. w. für je 50 hfl. um 5 cents mehr, von 1000 bis 5000 für je 250 hfl. um 25 cents mehr.

Für Rententitel, die also nur auf einen bestimmten Zinsgenuss lauten, wird der Stempel von dem 20fachen Betrage der Jahresrente erhoben.

Diesem Tarife sind alle Aktien oder Obligationen unterworfen, welche in den Niederlanden emittiert wurden oder in Umlauf gesetzt werden, einerlei, ob die

Kupons oder Dividendenscheine in Holland zahlbar sind oder nicht.

Für sogen. Gründeranteile oder Genussscheine ist eine Stempelabgabe nach der Grösse des Papiers (Formatstempel) zu entrichten.

Der Umsatz von Wertpapieren wird in Holland nicht versteuert.

3. *Wechselstempel.* (Gesetz vom 11. Juli 1882.)

a) Wechsel.

Bis hfl. 100	5 cts.	Bis hfl. 1000	50 cts.
„ „ 200	10 „	„ „ 1500	75 „
„ „ 300	15 „	„ „ 2000	hfl. 1.—
„ „ 400	20 „	„ „ 2500	„ 1.25
„ „ 500	25 „	„ „ 3000	„ 1.50

Für je 1000 hfl. oder Teile von 1000 50 cts. mehr.

b) Anweisungen.

In Holland ausgestellte und im Auslande zahlbare Wechsel, ferner Checks, Anweisungen und Wechsel auf Holland, welche auf Sicht, bis zu 3 Tagen nach Sicht oder bis zu 8 Tagen nach dato lauten, unterliegen einer festen Stempelabgabe von 5 cents.

c) Transitostempel (s. Transitostempel-Arbitragen).

Transitierende Wechsel zahlen 5 cents ohne Rücksicht auf die Höhe des Betrages.

d) Paritäten.

Die Umrechnung von ausländischen Wechseln behufs Ermittelung des Wechselstempels erfolgt zum Tageskurse. Feste Verhältnisse bestehen nicht.

4. *Transportkosten auf Gold- und Silbersendungen.*

a) Gold (s. Goldarbitragen).

Amsterdam-Paris
Transport und Assekuranz = $1^5/_8$ ‰ des Wertes
Amsterdam-Berlin
Transport und Assekuranz = $1^1/_2$ ‰ „ „
Amsterdam-Eydtkuhnen . . = 3 ‰ „ „ }
Eydtkuhnen-Petersburg . . = 1 ‰ „ „ }

b) Silber.

Amsterdam-Paris	3 ‰ des Tageswertes
Amsterdam-Berlin	2 ‰ „ „
Amsterdam-Petersburg (via Eydtkuhnen)	6½ ‰ „ „

B) Berlin.

1. Kurtagen.

a) Devisen.

Kauf: ½ ‰ vom ausmachenden Betrage mit Ausnahme von 1) Devise Wien: ½ ‰ vom Nennwert umgerechnet 1 K. = M. —.85; 2) Petersburg und Warschau: 1 Rbl. = M. 2.16.

Beim Verkauf von Devisen hat man mit Ausnahme von Petersburg, Warschau und Wien keine Kurtage zu vergüten, falls dies nicht ausdrücklich vereinbart ist.

b) Gold- und Silbermünzen.

Der Makler erhält ½ ‰ vom Käufer wie vom Verkäufer.

Bei grösseren Posten oder Barren zumeist bloss ¼ ‰.

c) Effekten.

Sowohl der Käufer als auch der Verkäufer hat bei Umsätzen in Effekten Kurtage zu bezahlen.

Sie beträgt bei den in Prozenten notierten Effekten ½ ‰ vom Nennwerte. Bei Papieren, welche in einer fremden Währung gehandelt zu werden pflegen, wird der Nennwert behufs Berechnung der Kurtage zu den festen Reduktionssätzen umgerechnet.

Diese sind:

1 £	20.40 M.
1 Frank, Lire, Peseta oder Lëu	—.80 „
1 Österr. Gulden Gold . . .	2.— „
1 „ „ (Währung) .	1.70 „
1 Krone	—.85 „
1 Gulden holl. Währung . .	1.70 „
1 Skand. Krone	1.125 „
1 Kreditrubel	2.16 „
1 Goldrubel	3.20 „
Das 10 Rubelstück Gold gilt gleich 15 neuen, den Papierrubeln gleichgestellten Goldrubeln.	
1 Peso	4.— „
1 Dollar	4.20 „

(Diese Umrechnungssätze gelten seit 1. Jan. 1899 lt. Bestimmung des Bundesrates für alle deutsche Börsen.)

Bei den nachfolgend genannten Effekten wurde die Kurtage bis Ende Dezember 1899 nach der Anzahl der Stücke berechnet. Seither beträgt sie zwar offiziell $^1/_2$ ‰ vom Nennwerte; am offenen Markte aber wird nach wie vor die Kurtage in Pfennigen p. Stück in Anrechnung gebracht und zwar für:

Österr. Staatsbahnenaktien („Franzosen") . .	20 Pf. für das Stück
„ Südbahnaktien („Lombarden") . . .	
„ Kreditaktien	
„ Nordwestbahnaktien Lit. A und B („Elbethal")	
Böhm. Nordbahnaktien	
3 % Südbahn-Prioritäten	
3 % Staatsbahn-Prioritäten	

Warschau-Wiener Eisenbahnaktien 15 Pf. für das Stück.

Türkische Tabakregie und kleine Jura-Simplonaktien 10 Pf. für das Stück.

(Bei allen hier nicht genannten, nach Stückzahl gehandelten Wertpapieren wird die Kurtage vom Nennwerte berechnet.)

d) Banknoten.

Bei österr. und russ. Banknoten beträgt die Kurtage $^1/_2$ ‰ vom Nennwerte, bei allen anderen, in Berlin gehandelten Banknoten $^1/_2$ ‰ vom ausmachenden Betrage.

e) Kupons.

$^1/_2$ ‰ vom ausmachenden Betrage.

2. Provisionen.

$^1/_4$ — 1 ‰.

Bei der Provisionsberechnung im Effektenverkehre macht es jedoch einen Unterschied, ob es sich mehr um gelegentliche, dem Wechselstubenverkehr angehörende Geschäfte, als um Kommissionsgeschäfte mit Kontokorrentverkehr handelt. Die Sätze für letztere sind wesentlich niedriger.

3. Börsensteuer.

(Mit Berücksichtigung der Abänderungen durch das Gesetz vom 14. Juni 1900.)

I. Stempel und Effekten. **(Fixstempel.)**

Aktien, Renten- und Schuldverschreibungen unterliegen, falls sie im Bundesgebiete ausgegeben, veräussert und verpfändet werden, einer festen Abgabe und zwar:

a) Inländische Aktien und Aktien-Anteilscheine, sowie Interimsscheine über Einzahlungen auf diese Wertpapiere 2% vom Nennwerte in Abstufungen von 2 M. für je 100 M. oder einen Bruchteil dieses Betrages.

b) Ausländische Aktien und Aktien-Anteilscheine $2^1/_2$% vom Nennwerte in Abstufungen von $2^1/_2$ M. für 100 M., oder einen Bruchteil dieses Betrages.

c) In- und ausländische Staatsrenten- und Schuldverschreibungen 6‰ vom Nennwerte in Abstufungen von 60 Pf. für je 100 M. oder einen Bruchteil dieses Betrages.

d) Renten- und Schuldverschreibungen von ausländischen Korporationen, Aktiengesellschaften oder industriellen Unternehmungen 1% vom Nennwerte. Dieselben werden nach den Vorschriften wegen Erhebung des Wechselstempels umgerechnet.

e) Inländische, auf den Inhaber lautende Renten- und Schuldverschreibungen der Kommunalverbände und Kommunen, sowie Interimsscheine über Einzahlungen auf diese Wertpapiere 2‰ vom Nennwerte und zwar in Abstufungen von 20 Pf. für 100 M. oder einen Bruchteil dieses Betrages.

II. Stempel auf Schlussscheine. **(Umsatzsteuer.)**

Der Umsatzsteuer unterliegen nachfolgende Geschäfte:

a) Kauf und sonstige Anschaffungsgeschäfte über ausländische Banknoten, ausländisches Papiergeld, ausländische Geldsorten und Wertpapiere.

Tarifsatz: $^2/_{10}$‰ (in Abstufungen von 20 Pf. für je 100 M.). Die sogen. Kontantgeschäfte in diesen Objekten sind von der Steuer befreit.

[Kauf und sonstige Anschaffungsgeschäfte über Mengen von Waren, die börsenmässig gehandelt werden.

Tarifsatz: $^4/_{10}$‰ (in Abstufungen von 40 Pf. für je 1000 M.).]

b) Kauf und Anschaffungsgeschäfte über Wertpapiere (in- und ausländische Renten, Staats-, Landes- und Kommunalobligationen, ferner Obligationen der Korporationen, städtischen und ländlichen Grundbesitzer, Eisenbahngesellschaften [„Anlagepapiere“]), $^2/_{10}$‰ in Abstufungen von 20 Pf. für 100 Mark.

c) Kauf und Anschaffungsgeschäfte über sonstige Wertpapiere (Aktien, sowie Renten ausländischer Korporationen, Aktiengesellschaften und industrieller Unternehmungen) $^{3}/_{10}$ ‰ in Abstufungen von 30 Pf. für 100 Mark.

d) Kauf- und Anschaffungsgeschäfte über Anteile von bergrechtlichen Gewerkschaften (Kuxscheine, Abtretungsscheine, Bezugsscheine) 1 ‰.

Um in der Verrechnung der Umsatzsteuer den Kommittenten gegenüber gleichartig vorzugehen, haben sich die **Berliner Banken und Bankiers** in nachfolgender Weise geeinigt.

Zirkular der vereinigten Banken und Bankiergeschäfte Berlins.

Vom **1. Juli 1900** ab werden im Kommissionsgeschäfte den Kommittenten an Umsatzsteuer in Anrechnung gebracht:

1. bei allen Geschäften, bei denen der tarifmässige Stempel $^{2}/_{10}$ vom Tausend beträgt (dieser Tarifsatz bezieht sich auf den Umsatz der festverzinslichen Anlagepapiere, ausgenommen die sub 2. erwähnten, sowie auch auf den Umsatz von Sorten und ausländischen Banknoten, sofern das Geschäft kein Kontantgeschäft ist),
   a) dem inländischen Kommittenten für Ausführung eines jeden abgabepflichtigen Geschäftes an hiesiger Börse $^{3}/_{10}$ vom Tausend,
   b) dem ausländischen Kommittenten für solche Ausführungen $^{2}/_{10}$ vom Tausend;

2. bei Geschäften in festverzinslichen Wertpapieren, bei denen der tarifmässige Stempel $^{3}/_{10}$ vom Tausend beträgt (dieser Tarifsatz bezieht sich auf den Umsatz von Renten ausländischer Korporationen, Aktiengesellschaften und industriellen Unternehmungen),
   a) dem inländischen Kommittenten für Ausführung eines jeden abgabepflichtigen Geschäftes an hiesiger Börse $4^{1}/_{2}/_{10}$ vom Tausend,
   b) dem ausländischen Kommittenten für solche Ausführungen $^{3}/_{10}$ vom Tausend;

3. bei allen Geschäften in Dividenden-Papieren
   a) dem inländischen Kommittenten für Ausführung eines jeden abgabepflichtigen Geschäftes an hiesiger Börse $^{11}/_{20}$ vom Tausend,

b) dem ausländischen Kommittenten für solche Ausführungen $^4/_{10}$ vom Tausend;

4. bei allen Geschäften, bei denen der tarifmässige Stempel 1 vom Tausend beträgt (Kuxe, Kuxscheine u. s. w.),

   a) dem inländischen Kommittenten für Ausführung eines jeden abgabepflichtigen Geschäftes an hiesiger Börse $1^1/_2$ vom Tausend,

   b) dem ausländischen Kommittenten für solche Ausführungen 1 vom Tausend

vom Werte des Gegenstandes nach den gesetzlichen Abstufungen.

Die gleiche Stempelberechnung wird seit 1. Juli 1900 bei allen von den Banken und Bankiers ausgehenden Offerten (gleichviel ob provisionspflichtig, netto oder mit Bonifikation) in Anwendung gebracht.

☛ Ermässigung der Umsatzsteuer im Arbitrageverkehr. ☚

Hat der Kontrahent nachweislich im Arbitrageverkehr Gegenstände derselben Gattung im Inlande gekauft und im Auslande verkauft, oder umgekehrt, so ermässigt sich die Stempelabgabe von jedem dieser Geschäfte zu gunsten des Kontrahenten um $^2/_{10}$ vom Tausend, wenn es sich um den Umsatz von Dividendenpapieren oder Renten ausländischer Korporationen, Aktiengesellschaften und industrieller Gesellschaften, und $^1/_{20}$ vom Tausend, wenn es sich um den Umsatz von Wertpapieren anderer Art handelt.

Bedingung ist aber, dass die beiden, einander gegenüberstehenden Geschäfte zu festen Kursen an demselben oder an zwei unmittelbar aufeinanderfolgenden Börsentagen abgeschlossen sind.

Das Arbitragebuch.

Wer von der Steuerermässigung für Arbitragegeschäfte Gebrauch machen will, hat der Steuerdirektivbehörde seines Bezirkes vorher hiervon schriftlich Anzeige zu machen, über die von ihm mit dem Anspruche auf Steuerermässigung abzuschliessenden Arbitragen nach den nachstehend vorgeführten Vorschriften Buch zu führen und auf behördliches Verlangen dieses

Buch, sowie alle darauf bezüglichen Schriftstücke (Schlussnoten, Briefe, Depeschen etc.) bei der Steuerbehörde einzureichen oder den von derselben entsendeten Beamten vorzulegen.

In das Arbitragebuch sind die einander gegenüberstehenden Geschäfte unter gleichartiger und fortlaufender Nummer einzutragen.

Die für eine halbmonatliche Frist, d. h. von der einen bis zu der anderen oder mehreren im Laufe eines Monats an der betreffenden ausländischen Börse stattfindenden Liquidationen von Arbitragegeschäften, über welche eine Schlussnote nicht ausgestellt wird, sind in der Spalte „Bemerkungen" nachrichtlich aufzuführen.

Der Antrag auf Erstattung des zu viel verwendeten Stempels ist in zwei Ausfertigungen bei der Direktivbehörde für je einen Kalendermonat bis zum 10. des auf die Ausstellung der Schlussnote folgenden Monats einzureichen.

In den Fällen, für welche das Vorliegen einer Metà-Verbindung behauptet wird, ist diese Thatsache seitens des Arbitrageurs auf Erfordern durch Vorlegung des Vertrages über den Abschluss der Verbindung und des Briefwechsels nachzuweisen.

Formular. Berlin, 6. August 1900.

Antrag

des Bankiers Karl Müller zu Berlin auf Erstattung von Stempeln für Arbitragegeschäfte für den Monat Juli 1900.

Der Königlichen Provinzialsteuerdirektion überreiche ich in der Anlage einen Auszug aus meinem Arbitragebuche für den Monat Juli 1900, indem ich die Richtigkeit der darin enthaltenen Angaben bescheinige.

Auf Grund dieses Auszuges beantrage ich, gemäss Tarifnummer 4a des Reichsstempelgesetzes die Erstattung eines Stempelbetrages von .... Mark .... Pfennig.

An die Königliche Provinzialsteuerdirektion zu Berlin.

Karl Müller.

Auszug aus dem Arbitragebuch. (Linke Seite.)

1. Laufende Nr. des Arbitragebuches	2. Datum des Geschäftsabschlusses		3. Gegenstand des Geschäftes	4. Nennwert	5. Kurs	6. Steuerpflichtiger Wert des Gegenstandes des Geschäfts nicht über Mark	7. Ort des Geschäftsabschlusses	8. Name des Metisten falls Metageschäft	9. Nr. der Schlussnote	10. Verwendeter Stempel	11. Der Wert des Geschäfts (Spalte 6) wird gedeckt durch den Wert des Gegengeschäfts in der Höhe von Mark	12. Rückzuerstattender Stempelbetrag ($^1/_{10}$ oder $^1/_{20}$ ‰ v. Spalte 11)		13. Bemerkungen
	Monat	Tag										Mark	Pf.	
1	1900 Juli	4	Gekauft Lombarden	Stück 1000 frs. 500 000	28.—	112 000	Wien	—	89	16.80	90 000	9	—	
2	„	10	Gekauft Egypter	frs. 100 000	104.—	84 000	Paris	—	104	8.40	84 000	4	20	
3	„	12	Gekauft 4% Ungar. Goldrente	£ 50 000	96.25	—	London	Lazard Brothers & Co., London	—	—	—	—	—	
.				etc.			etc.				etc.			

Auszug aus dem Arbitragebuch. (Rechte Seite.)

1a.	2a.		3a.	4a.	5a.	6a.	7a.	8a.	9a.	10a.	11a.	12a.		13a.
Laufende Nr. des Arbitragebuches	Datum des Geschäftsabschlusses		Gegenstand des Geschäftes	Nennwert	Kurs	Steuerpflichtiger Wert des Gegenstandes des Geschäfts nicht über Mark	Ort des Geschäftsabschlusses	Name des Metisten falls Metageschäft	Nr. der Schlussnote	Verwendeter Stempel	Der Wert des Geschäfts (Spalte 6) wird gedeckt durch den Wert des Gegengeschäfts in der Höhe von Mark	Rückzuerstattender Stempelbetrag ($^1/_{10}$ oder $^1/_{20}$ ‰ v. Spalte 11a)		Bemerkungen
	Monat	Tag										Mark	Pf.	
1	Juli	3	Verkauft Lombarden	Stück 500 frs. 250 000	29.—	58 000	Berlin	—	34	17.40	58 000	5	80	
2	„	4	do.	Stück 300 frs. 150 000	29.25	36 000	Berlin	—	38	10.80	36 000	3	60	
3	„	10	Verkauft Egypter	£ 2000 frs. 50 000	$103^3/_8$	43 000	London	—	48	4.30	43 000	2	15	
4	„	11	do.	£ 2000 frs. 50 000	103.—	42 000	Berlin	—	52	8.40	42 000	2	10	
5	„	14	Verkauft 4% Ungar. Gold-Rente	M. 1 000 000 £ 50 000 etc.	96.75	968 000	Frankf. a. M. etc.	—	100	193.60	968 000 etc.	48	90	13. Feiertag

4. Wechselstempel.

a) Wechsel:

Bis	M.	200	—	M.	—.10
„	„	400	—	„	—.20
„	„	600	—	„	—.30
„	„	800	—	„	—.40
„	„	1000	—	„	—.50

und von jeden M. 1000 der Wechselsumme M. —.50 mehr, wobei jedes begonnene Tausend als voll angenommen wird.

b) Direkte Tratten:

Die vom Inland auf das Ausland gezogenen, nur im Auslande und zwar auf Sicht oder spätestens innerhalb 10 Tagen nach dem Tage der Ausstellung zahlbaren Wechsel, sofern sie vom Aussteller direkt in das Ausland emittiert werden, bleiben von der Stempelabgabe frei.

c) Checks:

Checks sind stempelfrei, wenn sie bei Sicht zahlbar sind und einen Vermerk tragen, aus welchem hervorgeht, dass sie auf Grund eines vorhandenen Guthabens gezogen sind.

d) Transitostempel:

Die vom Auslande auf das Ausland gezogenen, im Auslande zahlbaren Wechsel sind stempelfrei.

5. Transportkosten auf Gold- und Silbermünzen.

a) Gold:

Von Berlin nach:

Amsterdam (Transport, Assekuranz und Prov.)	$1\frac{1}{2}$ ‰
Paris (via Herbesthal)	$1\frac{1}{10}$ ‰
London (via Ostende)	$2\frac{1}{2}$ ‰
New-York (via Hamburg) Assekuranz $\frac{3}{8}$ %; Fracht $\frac{1}{4}$ % nebst anderen Spesen . . .	$4\frac{1}{2}$ ‰
St. Petersburg	4 ‰

b) Silber:

Von Berlin nach:

Amsterdam (Transport, Assekuranz und Prov.)	2 ‰
Paris	$2\frac{3}{10}$ ‰
London	$2\frac{1}{2}$ ‰
New-York (via Hamburg)	8 ‰
St. Petersburg	4 ‰

C) Frankfurt a. M.

1. Kurtagen.

a) Devisen:

Die Kurtage wird meist vom Verkäufer allein bezahlt; doch kommen auch gegenteilige Abmachungen vor.

Dieselbe beträgt:

						Wechselbetrag
Für	Devisen	auf	Wien	85	Pf. für je	K. 2000
„	„	„	Holland	50	„ „ „	hfl. 1000
„	„	„	London	60	„ „ „	£ 100
„	„	„	Paris	25	„ „ „	frs. 1000
„	„	„	New-York	20	„ „ „	$ 100

Für Devisen auf andere Plätze $^1/_2$ ‰ vom Nennwerte (selten vom ausmachenden Betrage).

Bisweilen werden auch auf Wiener, Pariser oder New-Yorker Wechsel $^1/_2$ ‰ vom reinen Kurswerte vereinbart.

b) Effekten:

Die Kurtage wird mit $^1/_2$ pro Mille vom Nennwerte der gehandelten Papiere berechnet; einerlei, ob das Papier voll oder nur teilweise einbezahlt ist.

Ausnahmen im Privatverkehre (s. Bemerkung bei Berlin S. 88):

Österr. Kreditaktien	20 Pf.
Alpine Montanaktien	30 „
Österr.-Ung. Bankaktien	85 „
Jura-Simplon: Stammaktien	10 „
„ „ Genussscheine	5 „
unverzinsliche Lose bis 30 M.	5 Pf. p. Stück
über 30 bis 150 „	10 „ „ „
Österr.-Ung. Lose im Werte von 200 K. Nominale oder mehr	20 Pf.
Kleine Lose	10 „
Türkenlose	20 „

c) Sorten:

$^1/_2$ ‰ zu gleichen Teilen vom Käufer, wie vom Käufer getragen (somit $^1/_4$ ‰ von jeder Partei).

d) Kupons:

$^1/_2$ ‰ vom ausmachenden Betrage.

2. Börsensteuer
(wie Berlin).

3. Wechselstempel
(wie Berlin).

D) Hamburg.

1. Kurtagen.

a) Devisen:

Kurtage vom Käufer $^1/_2\,^0/_{00}$; vom Verkäufer $1\,^0/_{00}$ vom ausmachenden Betrage.

b) Effekten:

Die Kurtage wird sowohl beim Einkaufe als auch beim Verkaufe berechnet und zwar nach folgenden Ansätzen:

1. $1\,^0/_{00}$ vom ausmachenden Betrage (ausschliesslich Zinsen) auf alle mit festem Zins versehenen Staats- oder andere Wertpapiere.

2. $1\,^0/_{00}$ vom Nennwerte der Eisenbahn- und Bankaktien, falls dieselben vollgezahlt oder mit mindestens $50\,^0/_0$ eingezahlt sind (andernfalls $^1/_2\,^0/_{00}$ vom Nennwerte).

3. $1\,^0/_{00}$ vom Nennwerte auf Industrieaktien (ohne Rücksicht auf die Höhe der erfolgten Einzahlung).

4. 20 Pf. von jedem Stück bei unverzinslichen Prämienobligationen, wenn solche unter 150 M., und 40 Pf., wenn sie 150 M. oder darüber im Kurse stehen.

Aus der Arbitragepraxis.

Die Kurtage beträgt am offenen Markte für österr. Kreditaktien 20 M. für 100 Stück. Die Bankiers zahlen aber bei Erteilung der Order zumeist bloss 20 Pf. für das Stück (d. i. 10 M. für 50 Stück).

Es ist nämlich an der Hamburger Börse zum Gebrauche geworden, bei Erteilung von Börsenorders seitens des Bankiers nur $^1/_2\,^0/_{00}$ vom Nennwerte zu bezahlen.

c) Münzsorten:

$^1/_2\,^0/_{00}$ halb vom Käufer und halb vom Verkäufer.

d) Kupons:

$^1/_2\,^0/_{00}$ vom ausmachenden Betrage.

2. Börsensteuer

(wie Berlin).

3. Wechselstempel

(wie Berlin).

E) London.

1. Kurtagen.

In London existieren keine offiziellen Kurtagesätze; dieselben sind sehr verschiedenartig; betragen aber hauptsächlich bei Devisen $^1/_8$% vom ausmachenden Betrage (vom Käufer) und bei Effekten $^1/_{16}$% vom Nennwerte auf Staatspapiere (Englische Konsols, Spanische Exterieurs u. s. w.);

$^1/_8$% auf Anlehen von Provinzen, Städten, Eisenbahnobligationen u. s. w.

6 d für das Stück für auf Inhaber lautende Aktien oder Obligationen, deren Kurs ungefähr 10 £ beträgt.

1 sh. für das Stück auf solche, deren Kurs ungefähr 20 £ beträgt.

Auf amerikanische Eisenbahnwerte 6 d per Aktie, wenn deren Kurs unter $ 75.— steht; 9 d per Aktie, wenn er zwischen $ 75—100 steht und 1 sh für die Aktie, wenn der Kurs höher ist als $ 100.—.

Auf Minen 6 d, wenn der Kurs nicht höher ist.

Auf Barren zumeist $^1/_{16}$%.

In der Regel bilden die Kurtagesätze Gegenstand des freien Übereinkommens.

2. Börsensteuer.

In England muss für auf Namen lautende Wertpapiere (Aktien, Bonds, Debentures) bei Übertragung eine Gebühr bezahlt werden, welche $^1/_2$% des jeweiligen Kurswertes beträgt.

Werden Aktien, welche auf Namen lauten, auf Inhaber gestellt, so beträgt die Übertragungsgebühr $1^1/_2$% vom Nennwerte.

Inhaber-Bonds, welche nach dem 6. August 1885 zur Ausgabe gelangten, sind einem einmaligen Stempel von 1 sh. für 10 £ unterworfen; die vorher ausgestellten einem Stempel von 2 sh. 6 d für 100 £.

Alle Schlussnoten (contract notes), d. h. Meldungen eines Maklers an seine Kommittenten über An- oder Verkauf von Effekten unterliegen bei einem Werte von 100 Pfd. Sterl. oder mehr einem Stempel von 6 d (bei einem kleineren Werte einem Stempel von 1 d), und es wird dieser Stempel für jede einzelne Gattung von Fonds oder Aktien besonders gerechnet.

Vom 1. August 1899 ab zahlen Wertpapiere, die von einem fremden Staate, einer kolonialen Behörde oder einer Gesellschaft ausgegeben worden sind, sowie alle Inhaber-Aktien eine Abgabe von 1 sh. auf je 10 £.

Es haben also Wertpapiere, die bis 1899 keinen Stempel zahlten, wie Amerikanische Bonds und 3% Mexikanische Anleihe, nunmehr eine Gebühr von $^1/_2$% des Nennwertes zu entrichten.

Ebenso zahlen auch Südbahn-Aktien und 3% lombardische Prioritäten $^1/_2$% des Nennwertes.

3. *Umrechnungssätze*

(welche sowohl für die Effektenberechnung, als auch für die Berechnung der Kurtagesätze gelten).

20	Reichsmark	=	1	Pfd. St.
1	amerikan. Dollar	=	4	sh.
25	Franken oder ital. Lire	=	1	Pfd. St.
10	fl. ö. W. (Pap. od. Silb.)	=	1	„ „
20	Kronen	=	1	„ „
10	fl. Gold (öst. oder ung.)	=	1	„ „
12	fl. holländ. Währ.	=	1	„ „
18	skand. Kronen	=	1	„ „
25.20	span. Pesetas	=	1	„ „
125	Rubel	=	20	„ „
1	portug. Milreis	=	4	sh. 6 d
1	Kompagnie-Rupie	=	2	sh.
1	Sikka-Rupie	=	25	d

4. *Einkommensteuer (income tax).*

Alle Kupons von fremden Fonds und Aktien, welche in England zahlbar sind, unterliegen einer Einkommensteuer (income tax) von einem Schilling für das Pfund Sterling.

Nicht englische Unterthanen verfallen dieser Einkommensteuer nicht, wenn sie mit dem Kupon ein Affidavit einliefern, worin sie unter Eid erklären, dass die darin angeführten Kupons ihr Eigentum sind und keinem englischen Unterthan angehören.

F) Paris.

1. *Kurtagen und Stempelabgaben.*

a) Devisen.

Vom Verkäufer $^1/_8$% vom ausmachenden Betrage. In der Regel wird jedoch ein niedrigerer Satz ausbedungen.

b) Effekten.

Als Kurtage erheben die Agents de Change gegenwärtig folgende Sätze:

1. Bei Kassageschäften in allen Werten (mit Ausnahme der französ. Rente) 1‰ vom ausmachenden Betrage, d. h. 10 Centimes für je 100 Franken.

(Minimum 50 Centimes für ein Bordereau.)

2. Bei Zeitgeschäften und Reports in französischen Renten: frs. 12.50 für frs. 1500.— Rente (= 50000 frs. Kapital der 3% französ. Rente); — frs. 12.50 für frs. 1750.— Rente (= 50000 frs. Kapital der 3½% Rente).

3. Bei allen anderen Zeitgeschäften 1‰ des ausmachenden Betrages.

(Bei ausländischen Staatspapieren, deren Kurs mehr als 50 Franken beträgt, ist das Kurtageminimum 25 Franken für den kleinsten Einheitsbetrag, der auf Zeit gehandelt werden kann.)

Ausser ihrer Kurtage haben die Agents de Change den Anspruch auf Ersatz der Stempelgebühren, die

für jede compte de liquidation	frs.	1.80
jedes bordereau du comptant bis frs. 1000.—	„	—.60
„ „ „ „ „ „ 10000.—	„	1.80

betragen.

Endlich berechnen sie auch den Quittungsstempel von 10 cts.

Kurtagesätze in der Kulisse.

⅛% vom ausmachenden Betrage auf alle Werte; das Minimum beträgt 25 centimes für Werte, die unter frs. 100 notieren, und 50 centimes für diejenigen Werte, deren Kurs über frs. 100—400 notiert.

Für nicht voll eingezahlte Aktien wird die Kurtage trotzdem vom notierten Kurse, also „avec non versement", berechnet.

Bei Staatspapieren ½‰ vom Nennwerte.

2. *Wechselstempel.*

Der Wechselstempel beträgt für je 100 frs. oder deren Teil 5 cts. für Wechsel in jedem Betrage.

Checks, die an ein und demselben Orte ausgestellt und zahlbar sind, 10 cts.

Solche, welche an einem anderen Orte ausgestellt sind, als an dem sie zahlbar sind, 20 cts.

In beiden Fällen muss das Ausstellungsdatum (Tag und Monat) mit Buchstaben geschrieben sein.

Transitostempel. Wechsel, welche im Auslande ausgestellt und im Auslande zahlbar sind, zahlen für je frs. 2000.— oder deren Teil 50 cts. (die Hälfte des gewöhnlichen Wechselstempels).

Umrechnung. Die Umrechnung von auf ausländische Währung lautenden Wechseln erfolgt zum Tageskurse (feste Sätze bestehen nicht).

3. *Umrechnungssätze für Wertpapiere.*

1 Pfd. Sterl.	= frs. 25.20	für den Nennwert englischer Effekten	
1 „ „	= „ 25.10	„ 1878er Schweden	
1 „ „	= „ 25.20	„ Consolidés, Norweger u. Russen in £, 1880er Schweden, Serien-Türken und türk. Tribut-Anleihe	
1 „ „	= „ 25.25	„ Egypter von 1885	
1 Rupie	= „ 2.50	für den Nennwert von Staatspapieren	
1 öst. Gulden	= „ 2.50		
1 „ „	= „ $2.09\frac{3}{8}$	für den Nennwert anderer Effekten	
2 „ Kronen	= „ $2.09\frac{3}{8}$		
1 Mark	= „ 1.23		
1 skand. Krone	= „ 1.40		
1 Piaster	= „ $4.25\frac{1}{2}$		
1 holl. Gulden	= „ 2.10	für den Nennwert von Staatspapieren	
1 „ „	= „ $2.06\frac{1}{4}$	„ den Nennwert von anderen Effekten	
1 Rubel	= „ 4.—	„ Orient-Anleihe	
1 Dollar	= „ 5.—	„ den Nennwert von Staatspapieren	
1 „	= „ $5.15\frac{1}{2}$	„ den Nennwert von anderen Effekten	

4. *Börsensteuer.*

a) Fixstempel.

Die Obligationen fremder Staaten sind in Frankreich stempelpflichtig.

Nach dem Gesetz vom 28. Dezember 1895 beträgt der Stempel $\frac{1}{2}$% vom Nennwerte für Staatspapiere; 2% vom Nennwerte für Eisenbahn-Prioritäten, Pfandbriefe und Städteobligationen.

b) Umsatzsteuer.

Seit dem 1. Juni 1893 besteht in Frankreich die Effektenumsatzsteuer.

Taxe: 5 cts. für 1000 frs. oder den Bruchteil von 1000 frs.

Reports zahlen bloss den halben Stempel.

Für französische Rente beträgt die Taxe bloss $1\frac{1}{4}$ cts. für 1000 frs. Nennwert.

5. *Transportkosten auf Gold- und Silbersendungen.*

Gold:	Paris-Herbesthal	fr. —.80	für 1000 frs.	
	Herbesthal-Berlin	„ —.30		
		fr. 1.10	„ 1000 „	
Silber:	Paris-Herbesthal	fr. 1.70	„ 1000 „	
	Herbesthal-Berlin	„ —.60		
		frs. 2.30	„ 1000 „	

G) Wien.

1. *Kurtagen.*

Die Maklergebühr wird in Österreich von der politischen Landesstelle bestimmt und beträgt für Wechsel auf auswärtige Plätze (Devisen) $^{8}/_{10}$ ‰ vom Kurswerte*), zahlbar zur Hälfte von jedem Kontrahenten; für Effekten 1 ‰ ebenfalls vom Kurswerte ($^{1}/_{2}$ ‰ für jeden Kontrahenten); für Münzen 1 ‰ ($^{1}/_{2}$ ‰ für jeden Kontrahenten) und für Wechseldiskonte $^{8}/_{10}$ ‰ (bez. $^{4}/_{10}$ ‰).

2. *Börsensteuer.*

Fixstempel. Laut Gesetz vom 9. März 1897 unter Zugrundelegung des Gesetzes vom 18. Sept. 1892 ist von den nach Österreich eingeführten ausländischen Aktien, Aktienanteilscheinen, Renten und Teilschuldverschreibungen ausländischer Staaten, Korporationen, Aktiengesellschaften oder industrieller Unternehmungen eine Stempelabgabe zu entrichten, wenn sie im Lande übertragen, veräussert, zum Verkaufe angeboten oder verpfändet werden.

Der Bemessung dieser Abgabe ist der Nennwert bezw. der Betrag der geleisteten Einzahlung zu Grunde zu legen.

Der Stempel beträgt:

bis	40	Kronen	K.	—.14
„	80	„	„	—.26
„	120	„	„	—.38
„	200	„	„	—.64
„	400	„	„	1.26
„	600	„	„	1.88
„	800	„	„	2.50

für jede weiteren angefangenen 800 Kronen K. 2.50.

*) „Auszahlung Berlin" wird bei Kurtageberechnung als Devise angesehen.

Umsatzsteuer. (Gesetz vom 9. März 1897.)

Alle Umsätze in Effekten unterliegen einer besonderen Steuer, der „Effekten-Umsatzsteuer".

Dieselbe beträgt für einen Börsenschluss in Anlageeffekten (das ist in der Regel eine Menge im Nennwerte von 10000 Kronen) 40 h.

(Im **Kommissionsgeschäfte** berechnet die Bankpraxis wegen des mit dem Auftragsgeschäfte in Verbindung stehenden Abwickelungsgeschäftes zumeist 60 h. [$1^1/_2$ mal den Steuersatz]).

Für einen Börsenschluss in Aktien (das sind in der Regel 25 Stücke) 1 Krone.

(Im **Kommissionsgeschäft** berechnet die Bankpraxis aus dem oben erwähnten Grunde zumeist $1^1/_2$ K.)

3. *Wechselstempel.*

Der Tarif von Österreich ist mit dem von Ungarn übereinstimmend, nur dass Ungarn andere Stempelmarken verwendet, als Zisleithanien.

			Bis	150	Kronen	K.	—.10
Von	150	Kronen	„	300	„	„	—.20
„	300	„	„	600	„	„	—.40
„	600	„	„	900	„	„	—.60
„	900	„	„	1200	„	„	—.80
„	1200	„	„	1500	„	„	1.—

Für jede weiteren 1500 Kronen um 1 K. mehr.

Transitostempel: s. Transitostempel-Arbitrage.

4. *Transportkosten auf Gold und Silber.*

Gemünztes Gold und Silber wird zur Versendung mit der Fahrpost nur dann zugelassen, wenn das Gewicht geringer als 60 kg ist.

Der Tarif für Fahrpostsendungen von Österreich-Ungarn nach Deutschland lautet:

Gewichtstaxe:

5 kg	bis zur	Entfernung	von	10	Meilen	(75 Kilometer)	30 h.
5 „	„ „	„	„	20	„	. . . . . .	60 „
5 „	„ „	„	„	50	„	. . . . . .	60 „
5 „	„ „	„	„	100	„	. . . . . .	60 „
5 „	„ „	„	„	150	„	. . . . . .	60 „
5 „	„ „	„	über	150	„	. . . . . .	60 „

10 kg	bis	zur	Entfernung	von	10	Meilen	K.	—.60
10 „	„	„	„	„	20	„	„	1.20
10 „	„	„	„	„	50	„	„	1.80
10 „	„	„	„	„	100	„	„	2.40
10 „	„	„	„	„	150	„	„	3.—
10 „	„	„	„	über	150	„	„	3.60

20 kg bis zur Entfernung von 10 Meilen etc. K. 1.20; 2.40; 4.20; 6.—; 7.80; 9.60.

30 kg bis zur Entfernung von 10 Meilen etc. K. 1.80; 3.60; 6.60; 9.60; 12.60; 15.60.

40 kg bis zur Entfernung von 10 Meilen etc. K. 2.40; 4.80; 9.—; 13.20; 17.40; 21.60.

50 kg bis zur Entfernung von 10 Meilen etc. K. 3.—; 6.—; 11.40; 16.80; 22.20; 27.60.

Werttaxe:

6 000	Kronen	K.	1.20	28 200	Kronen	K.	5.64
8 100	„	„	1.62	30 000	„	„	6.—
10 200	„	„	2.04	32 100	„	„	6.42
12 000	„	„	2.40	36 000	„	„	7.20
14 100	„	„	2.82	42 000	„	„	8.40
18 000	„	„	3.60	48 000	„	„	9.60
22 200	„	„	4.44	50 100	„	„	10.02
26 100	„	„	5.22	60 000	„	„	12.—

Beispiel.

Sendung von Wien nach Frankfurt a.M. 2000 Stück Napoleonsd'or, Gewicht $12^{9}/_{10}$ kg, Entfernung 104 Meilen =
Gewichtstaxe K. 7.80 (Postfrachtstück) [Zone 5]
Werttaxe „ 8.40
K. 16.20 Frachtspesen; dazu kommen in der Arbitrage die Emballagekosten, Briefporti und Telegrammspesen.

Aus der Praxis der Goldarbitrage.

Bei Sendungen kleinerer Partien Goldmünzen (also etwa 1000—1500 Stücken) nimmt man in der Regel am Wiener Platze die gesamten Spesen: Frachtkosten, $^1/_4$% Kurtage, Emballagekosten, Briefporti und Telegrammspesen (jedoch exkl. Provision), wenn es sich um eine Sendung nach Deutschland handelt, mit $^3/_4$‰ des Kurswertes an; wenn es sich dagegen um die Kosten des Ankaufes und der Versendung nach Frankreich handelt, mit 1‰; nach England mit $1^1/_2$‰.

Bei grösseren Partien reduzieren sich naturgemäss diese Sätze rücksichtlich einzelner Auslagen, die vom Werte der Objekte unabhängig sind.

Übersicht über die Notierungsweise der wichtigsten Arbitrage-Effekten

(unter besonderer Berücksichtigung der deutschen Arbitrage).

3 % Deutsche Reichs-Anleihe.

370 Millionen Mark; Zinstermine 1. Januar und 1. Juli; in Stücken zu 5000, 2000, 1000, 500 und 200 M.

(Die Tilgung war in den Emissionsprospekten nicht vorgesehen.)

Ferner 520 Millionen Mark mit Zinsterminen 1. April und 1. Oktober.

Notiert in Berlin: in % exkl. Zinsen.
„ „ London: in % £ inkl. Zinsen (1 £ = 20 M.).

4 % Amerikanische Konsols

(aus den Jahren 1871, 1895 und 1896).

Auf Grund der Kongressakte vom 14./7. 1870 zur Ausgabe gelangt.

1000 Millionen Dollars:	begeben	741	Mill.	1871
	„	62	„	1895
	„	100	„	1896

Die erstgenannten 741 Millionen Dollars sind nach Wahl der Regierung, jedoch nicht vor 1907 rückzahlbar; die anderen beiden Anleihen nicht vor 1925.

1. Emission: 4% Zinsen; vierteljährlich:
1./1., 1./4., 1./7. und 1./10.

2. u. 3. Emission: 4% Zinsen; vierteljährlich:
1./2., 1./5., 1./8. und 1./11.

Stücke zu 1000, 500, 100 und 50 Dollars auf Inhaber (Coupon-Bonds).

Stücke zu 50 000, 20 000 und 10 000 Dollars auf Namen (Registered-Bonds).

Notiert in Berlin % $; exkl. Zinsen (1 $ = M. 4.20).
„ „ Frankfurt a. M. % $; exkl. Zinsen (1 $ = M. 4.20).
„ „ Hamburg % $; exkl. Zinsen (1 $ = M. 4.20).
„ „ Paris % $; inkl. Zinsen (1 $ = 5 frs.).
„ „ London % $; inkl. Zinsen (1 $ = 4 sh).

4% Amerikanische Anleihe von 1895.

162 Millionen Dollars. Stücke zu 1000, 500, 100 und 50 Dollars; Verzinsung 4% vierteljährlich 1./2., 1./5., 1./8. und 1./11.

Notiert in Frankfurt a. M. % $; exkl. Zinsen (1 $ = M. 4.20).
„ „ Paris % $; inkl. Zinsen (1 $ = 5 frs.).
„ „ New-York % $; inkl. Zinsen.

4% Egypt. Daïra-Sanieh-Anlehen v. J. 1890.

Ursprünglich Privatanleihe des Khedive £ 7 300 000. Stücke zu 1000, 500, 100 und 20 £ bezw. 25 000, 12 500, 2500 und 500 frs. 4%; Verzinsung 15./4. und 15./10.

Notiert in Berlin % frs.; franko Zinsen (1 frs. = 80 Pf.).
„ „ Paris % frs.; inkl. Zinsen.
„ „ London % £; inkl. Zinsen.

4% Egypt. unifizierte Schuld.

59 Millionen £. Ursprünglich zu 7% emittiert, wurde der Zinsfuss der Anleihe zuerst auf 6% herabgesetzt und beträgt jetzt nur mehr 4%.

Stücke zu 1000, 500, 100 und 20 £ bezw. zu 25 000, 12 500, 2500 und 500 frs. 4%; 1. Mai und 1. November.

Die Kupons lauten immer noch auf einen 7%igen Zins, werden aber statt mit 35, 17½, 3½ £ und mit 14 sh. bloss mit 20, 10, 2 £ und mit 8 sh. bezahlt.

Notiert in Berlin % £; exkl. Zinsen (1 £ = M. 20.40).
„ „ Frankfurt a. M. % £; exkl. Zinsen (1 £ = M. 20.40).
„ „ Antwerpen % frs.; inkl. Zinsen.
„ „ Genf p. Stück zu 500 frs. inkl. Zinsen.
„ „ Zürich % frs.; exkl. Zinsen.
„ „ Paris % frs.; inkl. Zinsen.
„ „ London % £; inkl. Zinsen.
„ „ Konstantinopel % £; inkl. Zinsen.

5 % Italienische Rente.

(Siehe das durchgeführte Arbitragebeispiel S. 76.)

Die 5 % Zinsen, welche am 1./1. und 1./7. fällig sind, werden im Auslande in Gold, in Italien dagegen gegen Vorweisung eines Affidavits in Papier bezahlt.

Die italienische Einkommensteuer beträgt zur Zeit 20 % (s. S. 77), so dass die thatsächliche Verzinsung der Rente nicht 5, sondern bloss 4 % beträgt.

Notiert in Berlin % frs.; exkl. Zinsen (1 frs. = M. —.80; es werden 4 % Zinsen berechnet).
„ „ Paris % Lire; inkl. Zinsen (1 Lire = 1 frs.).
„ „ London % Lire; inkl. Zinsen (1 £ = 25 Lire).

Die Notiz in Paris und London versteht sich in der ersten Hälfte des Monats „per medio" und in der zweiten „per ultimo".

Notiert in Triest % Goldfranken; exkl. Zinsen. (Es werden in Triest 4 % Zinsen berechnet.)
„ „ Zürich % Goldfranken; exkl. Zinsen. (Es werden in Zürich 4 % Zinsen berechnet.)

3 % Niederländische Anleihe.

(Lt. Ges. v. 30./12. 1896 zum Umtausch der 3½ % Niederl. Anleihe emittiert.)

(S. das Arbitragebeispiel S. 71.)

463 Millionen Holländer Gulden; 3 %; 1. März und 1. September.

Notiert in Frankfurt a. M. % hfl.; exkl. Zinsen (1 hfl. = M. 1.70).

„ „ Amsterdam % hfl.; exkl. Zinsen.

„ „ Paris % hfl.; inkl. Zinsen (1 hfl. = frs. 2.10).

„ „ Antwerpen % hfl.; inkl. Zinsen (1 hfl. = frs. 2.10).

„ „ London % hfl.; inkl. Zinsen (1 £ = 12 hfl.).

4,2 % Österr. Papier-Rente.

(Amtlich benannt: Einheitl. Rente in Noten verzinslich.)

Entstanden lt. Gesetz vom 20./6. 1868 aus der Konsolidation einer Anzahl älterer, in Noten verzinslicher Anlehen.

Umlauf: ca. 2900 Millionen Kronen.

Stücke zu 20000, 2000, 200 und 100 K. Zinstermine: 1. Februar und 1. August, sowie 1. Mai und 1. November.

(Die Kupons werden bei Steuerzahlungen statt baren Geldes angenommen; dagegen müssen Zölle in Österr.-Ungarn in Gold entrichtet werden.)

Notiert in Amsterdam % fl.; exkl. Zinsen

$$\frac{1 \text{ Papfl.}}{2 \text{ K.}} = \text{hfl. } 1.20.$$

(In Amsterdam wird österr. Papier-Rente mit 5% Zinsen berechnet.)

Notiert in Berlin % fl.; exkl. Zinsen (1 K. = M. 0.85).

„ „ Frankfurt a. M. % fl.; exkl. Zinsen (1 K. = M. 0.85).

„ „ Hamburg % fl.; exkl. Zinsen (1 K. = M. 0.85).

„ „ London % fl.; inkl. Zinsen

$$\frac{20 \text{ K.}}{10 \text{ fl. Pap.}} = 1\ £.$$

„ „ Paris % fl.; inkl. Zinsen

$$\frac{1 \text{ fl.}}{2 \text{ K.}} = 2^1/_2 \text{ frs.}$$

„ „ Wien % fl.; exkl. Zinsen ($4^1/_5$%; 1./2. und 1./8. oder 1./5. und 1./11.).

4,2 % Österr. Silber-Rente.

(Amtlich benannt: Einheitl. Rente in Silber verzinslich.)

Diese Rentengattung entstand ebenfalls aus der Konsolidation einer grossen Anzahl älterer, in Silber verzinslich gewesener Anlehen.

Umlauf: ca. 2000 Millionen Kronen.

Stücke zu 20 000, 2000, 200 und 100 K.

(Auch die Silberrenten-Kupons können zu Zollzahlungen nicht verwendet werden.)

Zinstermine: 1. Januar und 1. Juli, sowie 1. April und 1. Oktober.

Notiert in Amsterdam % Silbfl.; exkl. Zinsen

$$\frac{1 \text{ Silbfl.}}{2 \text{ K.}} = \text{hfl. } 1.20.$$

(In Amsterdam wird österr. Silberrente mit 5 % Zinsen berechnet.)

Notiert in Berlin % Silbfl.; exkl. Zinsen

$$\frac{1 \text{ Silbfl.}}{1 \text{ K.}} = \text{M. } 1.70.$$

„ „ Frankfurt a. M. % Silbfl.; exkl. Zinsen (do.).

„ „ Hamburg % Silbfl.; exkl. Zinsen (do.).

„ „ Paris % Silbfl.; inkl. Zinsen

$$\frac{1 \text{ Silbfl.}}{2 \text{ K.}} = 2\tfrac{1}{2} \text{ frs.}$$

„ „ London % Silbfl.; inkl. Zinsen

$$\frac{10 \text{ Silbfl.}}{20 \text{ K.}} = 1 \text{ £}.$$

„ „ Wien % Silbfl.; inkl. Zinsen (4 1/5 %; 1./1. und 1./7. oder 1./4. und 1./10).

4 % Österr. Gold-Rente.

Geschaffen durch die Gesetze vom 18./3. 1876 und vom 2./8. 1892 (Valutagesetze).

Umlauf 1000 Millionen Kronen.

Stücke zu: $\frac{10000 \text{ Goldfl.}}{24000 \text{ K.}}$; $\frac{1000 \text{ Goldfl.}}{2400 \text{ K.}}$ und $\frac{200 \text{ Goldfl.}}{480 \text{ K.}}$ (100 Goldfl. = 202 1/2 M. = 250 frs.)

Auf den Stücken ist der Markbetrag nicht angegeben, es wird bei Rechnung vom Kurswert wie von den Zinsen der Goldgulden mit 2 Mark bewertet.

Zinstermine: 1. April und 1. Oktober.

Notiert in Amsterdam % Goldfl.; exkl. Zinsen (1 Goldfl. = hfl. 1.20).

" " Berlin % Goldfl.; exkl. Zinsen (1 Goldfl. = 2 M. [nicht 2.025 wie bei Ung. Goldrente]).

(Stücke zu 10000 Goldfl. sind in Berlin nicht lieferbar.)

" " Frankfurt a. M. % Goldfl.; exkl. Zinsen (1 Goldfl. = 2 M., s. Berlin).

" " Hamburg % Goldfl.; exkl. Zinsen (1 Goldfl. = 2 M., s. Berlin).

" " Paris % Goldfl.; inkl. Zinsen p. Medio oder Ultimo des Monates (1 Goldfl. = 25 frs.).

" " London % Goldfl.; exkl. Zins. (10 Goldfl. = 1 £).

" " Wien % Goldfl.; exkl. Zinsen (100 fl. Nennwert = 240 Kr. 1./4. u. 1./10.; 4%).

4% Ungar. Gold-Rente.

Emittiert sind seit 1881 634 Millionen Goldgulden.

Die Obligationen lauten auf:

fl.	1000,	500	und 100	Gold
= frs.	2500,	1250	" 250	"
= M.	2025,	1012.50	" 202.50	"
= £	100,	50	" 10	"

Kupons: Stempel-, steuer- und gebührenfrei. 4%; 2. Januar und 1. Juli.

(Der ungar. Finanzminister bestimmt für jeden Kupontermin den Einlösungskurs für alle Zahlstellen mit Ausnahme Londons.)

Notiert in Berlin % Goldfl.; exkl. Zinsen (1 Goldfl. = M. 2.025, seit 2./1. 1899; früher wie österr. Goldrente 1 Goldfl. = 2 M.).

(Stücke zu 10000 Goldfl. sind in Berlin nicht lieferbar.)

" " Frankfurt a. M. % Goldfl.; exkl. Zinsen (1 Goldfl. = 2 M.).

" " Hamburg % Goldfl.; exkl. Zinsen (1 Goldfl. = 2 M.).

" " London % Goldfl.; inkl. Zinsen (10 Goldfl. = 1 £).

Notiert in Paris % Goldfl.; inkl. Zinsen (1 Goldfl. = 2½ frs.).
„ „ Wien % Goldfl.; exkl. Zinsen (1 Goldfl. = K. 2.40).

4 % Ungar. Kronen-Rente.

(Amtlich genannt: Kgl. ungar. steuerfreie 4% Staats-Rentenanleihe vom J. 1892.)

Umlauf: 1062 Millionen Kronen.

Stücke zu 10000, 1000, 500, 200 und 100 K. (in deutscher, französischer und englischer Sprache).

Verzinsung: 4%; 1. Juni und 1. Dezember.

Tilgung weder im Prospekte noch im Obligationentexte vorgesehen.

Notiert in Amsterdam % K.; exkl. Zinsen (1 K. = 50 c.).
„ „ Berlin % K.; exkl. Zinsen (1 K. = 50 c.).
„ „ Berlin % K.; exkl. Zinsen (1 K. = M. 0.85).
„ „ Frankfurt a. M. % K.; exkl. Zinsen (1 K. = M. 0.85).
„ „ Hamburg % K.; exkl. Zinsen (1 K. = M. 0.85).

5 % Serbische Staats-Eisenbahn-Obligationen.

(Gold-Pfandbriefe der Königl. Serbischen Staats-Bodenkreditanstalt (uprava fondova.)

Anleihe ausgegeben am 12./8. 1886; Nominale: 9600000 M. = 12000000 frs. (24000 St. à 400 M. = 500 frs.). Die Kupons sind zahlbar in Gold am 2./15. Januar und 1./14. Juli mit 20 M. = 25 frs.

Der Serbische Staat haftet für Kapital und Zinsen.

Notiert in Berlin % M.; exkl. Zinsen (5%; 15./1. und 14./7).
„ „ Paris % frs.; inkl. Zinsen.
„ „ Zürich % frs.; exkl. Zinsen (5%; 15./1. und 14./7.).
„ „ Genf Franken für das Stück; exkl. Zinsen (frs. 500 per Stück; 15./1. und 14./7.; 5%).

4 % Russische Anleihe vom J. 1880.

(Konsolid. Eisenbahn-Anleihe VI. Emission.)

150 Millionen Rubel.

Stücke zu 125 Rbl. (= 500 frs. = 406.25 M.) und den fünffachen Sorten.

4 %; Zinstermine: 1./5. und 1./11.; steuerfrei.

Notiert in Berlin % Rbl.; exkl. Zinsen (1 Stück = 406.25 M.)
„ „ Paris frs. für 1 Stück inkl. Zinsen.
„ „ Antwerpen % frs.; exkl. Zinsen.
„ „ St. Petersburg % Rbl.; exkl. Zinsen.

5 % Russische Goldrente vom J. 1884.

(Der russ. Staatsbank übergeben behufs Zahlung auf die Schuld des Staates an die Bank für die zeitweilig begebenen Rubelnoten.)

20 Millionen Rubel Gold.

Stücke 125, 500 und 1000 Rbl.; zugleich auf andere Valuten im Verhältnisse von 125 Rbl. zu 406¼ M. = 500 frs. = 240¾ hfl. = $19^{9}/_{10}$ £.

5 %; 15. Januar und 14. Juli (2./1. und 1./7. alten Stils).

Die Kupons unterliegen einer 5 % Steuer.

Notiert in Berlin % M.; exkl. Zinsen.
(Die Stückzinsen werden in Berlin voll mit 5 % gerechnet.)
„ „ Amsterdam % hfl.; exkl. Zinsen (Zinsen 15./1.—14./7.; 5 %).
„ „ Antwerpen % Rbl.; exkl. Zinsen (1 Rbl. = 4 frs.).
(Zinsen 15./1.—14./7.; 4.75 %.)

5 % Russische stempelpflichtige Bodenkredit-Pfandbriefe.

Von diesen Pfandbriefen sind im Laufe der Jahre 1868—1877 13 Serien begeben worden, jede zu 10 Millionen Rubel Metallgeld.

Stücke zu 100 Rbl. Metall = $107^{1}/_{6}$ Thaler = 400 frs. = 16 £ = 188.80 hfl. Von der Serie IX an auch auf 321.60 M. lautend.

5% Zinsen; 14./1. und 14./7.
Der Kupon vom 14./1. unterliegt der Steuer von 5%.

Notiert in Berlin % Rbl.; exkl. Zinsen
(100 Rbl. 321.60 M. Zinsenberechnung 5% vom 1. Januar und 1. Juli).
„ „ Paris % frs.; inkl. Zinsen (100 Rbl. = 400 frs.).
„ „ Genf Franken für das Stück (1 Stück = 400 frs.) inkl. Zinsen.

4% Türkische Anleihe vom J. 1891.

(Türkische Tribut-Anleihe benannt.)

(Zur Abstossung der 5% Türk. Anl. v. J. 1877 emittiert.)

£ 6316000 auf den egyptischen Tribut fundiert.

Notiert in Frankfurt a. M. % £; franko Zinsen (1 £ = 20.40).
„ „ Paris % £; inkl. Zinsen (1 £ = 25.20).
„ „ London % £; inkl. Zinsen.

1% Türk. konvertierte Schuld, sogen. „Serien-Türken-Anleihe".

(S. das durchgeführte Beispiel S. 61.)

3% Italienische Südbahn- (Meridionalbahn-) Prioritäten.

Stücke zu 500 Lire = 500 Franken = 20 Pfd. Sterl. = 235 hollfl. in ein-, fünf- und zehnfachen Obligationen. Eingeteilt in Serien A—H. Verzinsung 3%; 1./4. u. 1./10.

Die auf 7.50 Lire lautenden Kupons werden in Deutschland und an allen anderen Plätzen, an denen sie gehandelt werden, in Gold bezahlt. (Affidavit wird nicht verlangt; dagegen müssen die Stücke an den Zahlstellen im Original vorgelegt werden.)

Von den Kupons per $7^1/_2$ Lire werden abgerechnet 20,625% Einkommensteuer und 1,2‰ Umlaufsgebühr.

Notiz in Rom Lire für das Stück; inkl. Zinsen.
„ „ Genua „ „ „ „ „ „
„ „ Florenz „ „ „ „ „ „

Notiz in Amsterdam % Lire; exkl. Zinsen.
(1 Lire = 50 cents.)
„ „ Berlin % Lire; exkl. Zinsen.
(1 Lire = 80 d, Zinsen 1./4. u. 1./10., 2,4%.)
„ „ Frankfurt a. M. % Lire; exkl. Zinsen.
(1 Lire = 80 d, Zinsen 1./4. u. 1./10., 2,4%.)

3% Südbahn-Prioritäten

in 16 Serien von zus. 4 340 000 Stücken zu 500 Franken = 200 fl. Silber = 20 £
(und zum Teil auch noch Stücke zu $133^1/_3$ Thlr. = 233 süddeutsche Gulden = $236^1/_4$ holl. Gulden).

15 Serien mit Kupons: 1. Jan. u. 1. Juli.
1 Serie „ „ 1. April u. 1. Okt.

Die Kupons lauten auf 3 fl. ö. W. = $7^1/_2$ Franken = 6 sh. und wurden früher auch so eingelöst; jetzt werden $6^1/_2$ Franken Gold für das Stück bezahlt.

Notiz in Berlin % Franken; exkl. Zinsen.
(1 fr. = 80 d, Zinsen 1./1. u. 1./7., 3%.)
Notiz in Frankfurt a. M. (wie in Berlin).
„ „ Hamburg (wie in Berlin).
„ „ London £ für das Stück; inkl. Zinsen.
„ „ Paris frs. „ „ „ „ „
„ „ Wien % Franken; exkl. Zinsen.
(1 fr. = 96 h.) Zinsen 1./1. u. 1./7.; 3%.

Österr. Kredit-Aktien.

Aktienkapital 80 Mill. Kronen in 250 000 Aktien à 320 Kronen.

Notiz in Berlin % K. exkl. Zinsen p. ultimo.
(1 K. = M. —.85.)

Die Trennung des Dividendenscheines erfolgt nicht am 1. Januar, sondern erst nach dem Bekanntwerden der Höhe der Dividende (im April); bis dahin werden die 4% Zinsen vom 1. Januar des abgelaufenen Jahres berechnet.

Notiz in Frankfurt a. M. (wie in Berlin).
„ „ Hamburg (wie in Berlin).
„ „ Wien % Kronen; exkl. Zinsen.
(Zinsenberechnung wie bei Berlin dargestellt wurde, jedoch zu 5%.)

Österr.-Ungar. Staats-Eisenbahn-Gesellschafts-Aktien (an der Börse kurzweg **„Staatsbahn“** oder **„Franzosen“** benannt).

Aktienkapital: 262 Millionen Kronen in 550000 Stücken zu 500 Franken, von denen schon eine Anzahl verlost und dafür Genussscheine ausgegeben sind.

Notiz in Berlin % frs.; exkl. Zinsen.
(100 frs. = 80 M.)

Die Aktien haben halbjährige Kupons per 1. Januar und 1. Juli.

Der Käufer hat in Berlin 4% Zinsen vom 1. Januar ab zu vergüten. Der Juli-Kupon wird erst am 1. Januar abgetrennt. Ab 1./7. versteht sich die Notiz ohne Dividendenschein. Die Aktien werden fast nur auf Zeit gehandelt.

Notiz in Frankfurt a. M. % frs.; exkl. Zinsen.
(4% Zinsen v. 1. Januar.)
„ „ Hamburg 2 frs.; exkl. Zinsen.
(4% Zinsen v. 1. Januar.)
„ „ Amsterdam % frs.; inkl. Zinsen.
(1 fr. = 50 cents.)
„ „ Wien % frs.; exkl. Zinsen.
(1 fr. = 96 h.; Zinsen am 1. Januar.)

Österr. Südbahn-Aktien (an der Börse kurzweg **„Südbahn“** oder **„Lombarden“** benannt).

Aktienkapital: 375 Millionen Franken in 750000 Stücken zu 500 frs.

Die Aktien lauten auf 500 frs. = 200 fl. Silber = 20 Pfd. Sterl.

(Die Aktien werden während der Konzessionsfrist getilgt und für die gezogenen Aktien Genussscheine ausgegeben.)

Notiz in Berlin % Franken; exkl. Zinsen.
(1 fr. = 80 Pf.) Zinsenberechnung zu 4% v. 1. Jan. Der Dividendenschein wird erst getrennt, wenn dessen Wert bekannt gemacht wurde.

Notiz in Frankfurt a. M. (wie in Berlin).
„ „ Hamburg (wie in Berlin).
„ „ London £ für das Stück; inkl. Zinsen.
„ „ Paris frs. „ „ „ „ „

Notiz in Wien % frs. exkl. Zinsen. (1 fr. = 96 h.)
(Zinsen zu 5% vom 1. Januar.)
" " Zürich frs. für das Stück; inkl. Zinsen.

Tabak-Regie-Gesellschaft des Türkischen Reiches (an der Börse kurzweg **„Türkische Tabak-Aktien“** benannt).

Aktienkapital: 40 Millionen Franken in 200 000 Aktien zu 200 Franken = 8 Pfd. Sterl. = 8.8 Türk. Pfunde.

Notiz in Berlin % £; exkl. Zinsen.
(1 £ = M. 20.40.) Zinsen v. 1. März (bis zur Abtrennung des Dividendenkupons, welche oft erst im Juli erfolgt, so dass die Zinsen im Mai und Juni zumeist vom 1. März des Vorjahres berechnet werden), 4%.
Notiz in Frankfurt a. M. (wie in Berlin).
" " Paris frs. für das Stück; inkl. Zinsen.
" " Wien % frs.; exkl. Zinsen.
(1 fr. = 96 h.) Zinsen vom 1. März (s. Berlin), 5%.

Italienische Mittelmeer-Eisenbahn-Aktien (auch **„Mediterraneos“** genannt).

Aktienkapital: 180 Millionen Lire.
(Für getilgte Aktien werden Genussscheine ausgegeben.)

Notiz in Berlin % Lire; exkl. Zinsen.
(1 Lire = 80 Pf.) Zinsen v. 1./7. 4%.
" " Genua Lire für das Stück; inkl. Zinsen.
" " Florenz " " " " " "
" " Zürich frs. " " " " "
(1 fr. = 1 Lire.)
" " Basel frs. für das Stück; inkl. Zinsen.
(1 fr. = 1 Lire.)

Italienische Südbahn- (Meridionalbahn-) Aktien.

Aktienkapital: 240 Millionen Lire in 48 000 Stücken à 500 Lire.

Es giebt einfache, fünf- und zehnfache Stücke.

(Die Aktien werden getilgt und es erhalten die Inhaber der verlosten Stücke Genussaktien.)

Notiz in Berlin % Lire; exkl. Zinsen.
(100 Lire = 80 M.)

Obgleich an den Stücken sich zwei halbjährige Kupons befinden, werden die Zinsen bloss vom 1. Januar und zwar zu 4% berechnet.

Die Genussscheine erhalten am 1./1. keinerlei Vergütung; jedoch am 1./7. dieselbe Dividende wie die Aktien.

Notiz in Frankfurt a. M. (wie in Berlin).
„ „ Paris frs. für das Stück; inkl. Zinsen.
„ „ Genf % frs.; inkl. Zinsen.
(1 fr. = 1 Lire.)

Spamersche Buchdruckerei in Leipzig.

FSC
www.fsc.org
MIX
Papier | Fördert
gute Waldnutzung
FSC® C083411

Kolibri 360 GmbH
Ferdinand-Jühlke-Straße 7
99095 Erfurt, Deutschland
produktsicherheit@kolibri360.de